中小高新技术企业
成长阶段技术学习战略研究

杨小科◎著

TECHNOLOGY LEARNING STRATEGY BY
SMALL MEDIUM−SIZED HIGH−TECH ENTERPRISES IN
THE GROWTH STAGES

经济管理出版社
ECONOMY & MANAGEMENT PUBLISHING HOUSE

图书在版编目（CIP）数据

中小高新技术企业成长阶段技术学习战略研究/杨小科著 . —北京：经济管理出版社，2022.5

ISBN 978-7-5096-8528-0

Ⅰ.①中⋯　Ⅱ.①杨⋯　Ⅲ.①中小企业—高技术企业—企业创新—研究—中国　Ⅳ.①F279.244.4

中国版本图书馆 CIP 数据核字（2022）第 095948 号

组稿编辑：陈　力
责任编辑：高　娅
责任印制：黄章平
责任校对：王淑卿

出版发行：经济管理出版社
　　　　　（北京市海淀区北蜂窝 8 号中雅大厦 A 座 11 层　100038）
网　　址：www.E-mp.com.cn
电　　话：（010）51915602
印　　刷：唐山玺诚印务有限公司
经　　销：新华书店
开　　本：720mm×1000mm/16
印　　张：12.75
字　　数：163 千字
版　　次：2022 年 5 月第 1 版　　2022 年 5 月第 1 次印刷
书　　号：ISBN 978-7-5096-8528-0
定　　价：68.00 元

目　录

第一章　绪　论

中小高新技术企业在经济社会发展中扮演着越来越重要的角色，一方面，越来越多的中小高新技术企业通过其先进的技术弥补了市场经济中一些利基市场，创造了更多的就业岗位；另一方面，由于自身限制以及技术本身的约束性，使更多的中小高新技术尚未进入高速成长期便已衰退。即使在中小高新技术云集的中国北京中关村，也有20%~30%的企业在1~5年之内就会倒闭。①

这其中，有中小高新技术企业由于实务形体而产生的包括机器、设备、厂商、投资等硬件设备方面的原因，同时对于中小高新技术企业而言，更多的还有企业缺乏技术创新能力等原因。对于中小高新技术而言，这种技术创新能力的缺乏导致了企业不能有效地对新技术或者先进技术进行学习，从而形成组织能力，这也是目前中小高新技术企业生命周期很短暂的一个重要原因。

在企业技术创新能力方面，企业对新技术的学习能力是很重要的一种组织能力。通过技术学习，企业可以掌握先进的技术，更重要的是可以使这种外在的技术知识内部化，使之成为企业的一种核心组织能力。

---

① 《中关村最具发展潜力中小高新技术企业产生》（http：//www. ctibj. com. cn/assembly/action/browsePage. do？channelID＝1088481923067&contentID＝1117262886776）。

对于中小高新技术企业而言，掌握相应的技术学习能力尤为重要。与大型高新技术企业相比，中小高新技术企业在资金实力、研发基础等方面存在着明显的差距；与其他类型的中小企业相比，中小高新技术在技术研发以及核心技术的掌握方面又具有一定优势。因此，对于中小高新技术企业而言，技术学习能力的获得既是其进一步扩大与中小企业之间差距的重要手段，同时也是中小高新技术企业实现在技术创新能力、研发能力等方面赶超大型高新技术企业的重要方法。

在国家自主创新战略体系中，企业是创新的主体。对于中小高新技术企业而言，在缺资金和研发基础薄弱的情况下，如何充分利用国际化的科技资源和市场化的技术知识实现自主创新，是摆在中小高新技术企业面前的一项急迫的战略任务。这种对技术资源和技术知识获得的能力体现了企业技术学习能力，同时也对掌握技术学习能力后进行产品制造生产和商业化产生重要的影响。

创新是引领企业和社会发展的第一动力，知识产权作为国家发展战略性资源和国际竞争力核心要素的作用更加凸显。随着企业的不断发展以及国际化程度的不断提高，各国都加强了对企业自主知识产权的保护力度，这就为中小高新技术企业技术学习提出了更高的挑战。一方面，知识产权鼓励了中小高新技术企业的创造性；另一方面，知识产权也阻碍了中小高新技术企业技术学习的来源。① 对于我国中小高新技术企业而言，支撑国际一流营商环境的知识产权保护体系正在建立，相关的法律法规也相继出台并逐步完善，

---

① 目前知识产权对于中小高新技术企业技术学习的影响有两方面意见：一方面，MacLaughlin 等（1988）、Deardorff（1992）、La Croix（1995）等学者认为，如果没有知识产权的保护，发达国家的企业将缺乏动力将其先进的技术转移给发展中国家和企业；另一方面，还有些学者（MacDonald，2009）认为在现实情况中，知识产权保护的却是大企业的利益，中小企业尤其是中小高新技术企业往往成为知识产权体系的受害者。特别是在那些知识产权保护体制尚不完善的发展中国家，这些国家的中小企业往往很难通过正规（Legal）渠道获得相关技术。

在这样的客观背景下，中小高新技术企业应该在现有的知识产权体系下努力通过自身实力实现技术学习能力的获得，进而实现企业的自主创新。从这个意义上来说，只有实现了中小高新技术企业的自主创新，才能实现中小高新技术企业的生存和发展，才能使企业的生命得以延续。

第一节　问题的提出

2005 年，随着《中共中央关于制定国民经济和社会发展第十一个五年规划的建议》的出台，自主创新能力建设成为全面落实科学发展观、推进产业结构优化升级、提升企业核心竞争力的核心战略和关键所在。作为自主创新主体的企业，更是承担着获取技术知识、培育技术能力、提升组织创新能力的重要责任。其中，技术学习作为获取技术知识和技术能力的重要途径受到了越来越多企业的重视和理论界的关注。高新技术企业既是企业中最具创新优势的骨干力量，也是经济发展方式转变的领头羊、产业结构优化升级的带头雁。作为我国国民经济发展的重要支柱，中小高新技术企业以其灵活的组织形式在技术创新方面发挥了积极的作用。中小高新技术企业是实现技术创新扩散和转化高新技术成果的重要力量之一，同时也是实现技术和产品发明创造的主体。[①] 与大企业相比，大量具有较低的组织惯性和资源专一性的中小高新技术企业更容易和倾向于通过重塑自身（进化）来抓住机遇和满足多样化的市场需求，很多国际大企业在成长过程中都经历过经营领域的转换和自身的重塑，跨越不同的产品甚至是产业领域。但是由于中小高新技术企业

---

① Stuart MacDonald（2009）认为，目前技术扩散已经不是创新关注的主要问题，发明（Invention）是创新关注的重要问题。

在技术投入等创新环节存在着显著的高风险、高投入、高收益的"三高"特征，以及中小高新技术企业自身规模、实力和政府政策支持等方面的因素，作为创新道路中重要力量之一的中小高新技术企业在技术学习的现实中面临着产品风险以及投资回报的风险，同时还面临着越来越大的知识产权风险。

作为一种无形的财产权，知识产权指的是从事智力创造性活动取得成果后所依法享有的权利。根据 1967 年在斯德哥尔摩签订的《建立世界知识产权组织公约》的规定，知识产权包括对下列各项知识财产的权利：文学、艺术和科学作品；表演艺术家的表演及唱片和广播节目；人类一切活动领域的发明；科学发现；工业品外观设计；商标、服务标记以及商业名称和标志；制止不正当竞争以及在工业、科学、文学或艺术领域内由于智力活动而产生的一切其他权利。总之，知识产权涉及人类一切智力创造的成果。

2017 年 7 月 17 日，习近平总书记在主持召开中央财经领导小组第十六次会议时指出，产权保护特别是知识产权保护是塑造良好营商环境的重要方面。早在 2008 年，我国就提出推进国家知识产权战略实施，2013 年和 2015 年，先后发文提出《关于加强知识产权文化建设的若干意见》和《中共中央国务院关于深化体制机制改革加快实施创新驱动发展战略的若干意见深化》，2015 年 12 月，国务院发布了《关于新形势下加快知识产权强国建设的若干意见》，提出要重点解决知识产权大而不强、多而不优、保护不够严格、侵权易发多发、影响创新创业热情等问题，要推进知识产权管理体制机制改革；实行严格的知识产权保护；促进知识产权创造运用；并加强重点产业知识产权海外布局和风险防控。2021 年，中共中央和国务院又印发了《知识产权强国建设纲要（2021—2035 年）》，要求建设面向社会主义现代化的知识产权制度；建设支撑国际一流营商环境的知识产权保护体系；建设激励创新发展的知识产权市场运行机制；建设便民利民的知识产权公共服务体系；建设促进知识产权高质量发展的人文社会环境；以及深度参与全球知识产权治理。在建设知识产权强国目标的指导下，高新技术企业作为科技创新的主力军，如何通过知识产权管理提升企业知识产权竞争力，在知识产权强国建设中发挥"攀枝花"与"顶梁柱"作用已成为战略性命题。知识产权是助力中国企业"走出去"的重要基础，促进知识产权高效运用，能够不断为实体经济发展注入新动力。但同时，对于中小高新技术企业而言，随着各国知识产权制度的逐步完善，中小高新技术企业在通过技术学习获得技术能力进而实现自主创新方面遇到了越来越多的障碍。作为中小高新技术重要学习手段之一的逆向工程技术正成为一种有争议的话题。① 模仿创新被越来越多的国家通过知识产权等法律法规而限制。②

在传统的赶超背景下，后发国家的后发企业往往通过对发达国家的优势企业产品和技术进行逆向工程和模仿，进而掌握生产产品的技术能力，进一步提升企业和国家的创新能力。英国追赶荷兰、德国学习英国、美国学习英德以及 20 世纪 70 年代日本对美国的学习和 20 世纪 90 年代韩国、中国台湾对日本和美国的赶超，都体现了传统赶超背景下，国家是如何运用保护政策保护本国企业学习、本国企业是如何运用技术学习快速实现技术的赶超的。③

① 这里面涉及两方面的问题：首先是其合法性的问题。尽管很多学者或企业认为逆向工程是违法的，但是更多的观点认为逆向工程是有利于企业创新和自由竞争市场的形成的。美国的《合同竞争法》(*The Competition in Contracting Act*, CICA, 1984) 也允许在政府购买合同中，通过分析和研究市场出售的商品，通过学习技术来推动竞争。只要是应用诚实守信的方式获取的商品（例如，从公开市场上购买的产品），那么对该产品进行逆向工程进而获取商业秘密就是合法的。其次是可逆性的问题。由于法律法规逐步放开对逆向工程的管理，很多企业为了避免被其他企业通过购买产品或其他手段进行合法的逆向工程，开始越来越多地将相关技术进行集成或者使之"黑匣子化"。比如在应用程序安全性方面，通过同时使用防止逆向工程的技术以及应用技术与硬件保护锁之间的安全通信，就可以确保应用程序的安全性更上一层楼。

② 与逆向工程得到法律默认相反，模仿却受到越来越多法律的约束。Bush 等 (1989)、Chaudhry 和 Walsh (1996) 等认为对药品、汽车以及飞机等的模仿是一种犯罪行为，甚至烟草行业也认为仿制的烟会危害消费者的健康 (Philip Morris International, 2003a; Lovell, 2005)。

③ 参见 Stuart MacDonald (2009) 在 "2009 全球化与创新管理变革——技术创新管理与政策国际研讨会" 的演讲主题 "Copying, Innovation and the Anti-Counterfeiting Lobby"。

目前，中国、印度、巴西以及越南等国的政府和企业也在采取类似的策略实现国家和企业的赶超。但是，随着新能源的发展，传统的工业发展模式并没有考虑到新能源技术的使用给国家和世界带来的问题。2018 年 10 月，联合国政府间气候变化专门委员会（Intergovernmental Panel on Climate Change，IPCC）提出了"碳中和"的目标，即到 21 世纪末将全球气温升高控制在 1.5℃。人类活动导致的二氧化碳排放主要来源于化石燃料消费。发展新能源，实现能源转型，降低化石能源消费，构建绿色低碳的能源体系，是降低二氧化碳排放、实现全球碳中和的重要举措之一。在这种情况下，全球化、知识产权、能源安全、全球气候变暖以及工业发展的目标，共同构成了企业创新和技术学习的日益重要的大背景。①

对于我国中小高新技术企业而言，一方面企业面临着技术学习来源的全球化问题，这使企业技术学习的来源更加广泛化和便利性；另一方面知识产权的存在使中小高新技术企业并不能完全按照传统的技术创新路径②实现技术学习的突破。在这种情况下，处于赶超背景下的我国中小高新技术企业应该选择什么样的技术学习战略？在中小高新技术企业成长的不同阶段所采取的技术学习战略是否相同？企业成长和技术学习战略选择之间存在着什么样的相关性？哪些因素决定了企业技术学习战略的选择？在知识产权的背景下，我国中小企业应该根据其所处的成长阶段做出何种相机抉择？企业选择的技术学习模式是什么？技术学习战略是什么？政府以及其他相关机构在中小高新技术企业技术学习过程中起到了什么样的作用？应该通过什么样的作用来

---

① Mathews（2007）认为，发展中国家要想发展生物燃料技术，需要利用"技术学习"的棱镜（Prism of Technological Learning）和技术提升机制（Institutions of Technology Leverage）——Adoption、Adaptation、Diffusion。对后发优势进行识别和把握的战略，对于企业成功是必要的。

② 在传统的技术创新路径中，处于赶超背景下的企业可以通过模仿、分解以及逆向工程等手段进行对对方关键技术知识的获取，从而减少企业自身技术学习的成本。就国家角度而言，美国对英国的技术学习、日本对美国的技术模仿、韩国对日本和美国等的设备引进和技术模仿都是典型的例子。

促使本国中小高新技术企业的技术能力提升，进而提升整个国家的技术创新能力？

本书试图通过理论探讨和案例分析，对以上问题进行初步分析和探讨。

第二节 研究目的与意义

在全球化背景下，我国中小高新技术企业在技术学习方面处于赶超的地位。一方面，中小高新技术企业与先进企业之间的技术差距为我国中小高新技术企业技术学习提供了有利机会；[①] 另一方面，技术学习能力的差别以及知识产权的影响又阻碍了中小高新技术企业对先进企业的技术学习。与此相对应的是中小高新技术企业较短的成长生命周期以及国家相关政策的扶持和支持。这种情况下，我国中小高新技术企业应该选择何种技术学习策略？这种技术学习策略的选择是否应该与企业所处的成长阶段等因素相关？在我国实施自主创新国家战略和建设知识产权强国的背景下，中小高新技术企业是否有必要全部实行自主创新，是否必须通过自主创新的技术学习实现企业自身组织能力的提升？这些都构成了本书的研究目的。

在知识产权日益成为高新技术企业核心竞争力的今天，企业的技术学习战略成为企业尤其是中小高新技术企业成长过程中获取技术能力进而实现技术创新的重要手段和关键过程。在笔者参与的一些企业自主创新方面的课题中，发现尽管企业都认识到技术创新尤其是自主创新是企业成长过程中最直

---

① 技术差距是后发国家和企业通过技术学习实现赶超过程中面临的一个普遍问题，这种差距对国家和企业技术学习的影响是很重要的一个方面。Abramovitz（1986）认为，后发国家与发达国家的技术差距越大，后发国家越容易赶超实现经济收敛。Nelson 和 Phelps（1966）也指出，一国的技术与前沿技术的差距越大，TFP（全要素生产力）的增长率就越高。

接的推动力，但是现实中多数企业并没有从一开始就选择原始创新，即使那些选择通过引进消化吸收等手段进行技术创新的企业，在技术学习的战略选择方面仍然停留在单纯引进或稍加改进的阶段，并没有通过消化吸收实现再创新。造成这种情况的原因是什么？除了企业自身学习能力要素之外，还有哪些因素影响了企业的技术学习战略？企业技术学习战略的选择与企业所处的成长阶段有着什么样的相关性？在全球化背景下，中国中小高新技术企业如何根据企业所处的成长阶段，结合自身实力以及外部环境要素进行企业技术学习战略的相机抉择？这其中，作为政策制定者的政府应该扮演何种角色？

对于企业自主创新而言，有三种主要的途径，即原始创新、引进消化吸收再创新、集成创新。与这三种自主创新相对应的三种能力分别是：原始创新能力、引进消化吸收再创新能力、集成创新能力。企业具备这三种能力的技术学习分别被称为：原始创新技术学习、引进消化吸收再创新技术学习、集成创新技术学习。原始创新、引进消化吸收再创新、集成创新对应着不同的技术，要求企业具备不同的技术能力，这也决定了与这三种创新相对应的技术学习过程也要求企业具备不同的技术能力和组织能力，需要自身能力与所选择的技术学习战略相匹配。

本书认为这三种技术学习并不是一个元过程，也就是说，企业技术学习过程是一个可以由多个子过程组成的连续或断续的集合。正是由于企业技术学习过程是一个子过程的集合，才使很多企业在实际的技术学习过程中选择了其中一个或多个过程，有的企业会走完整个学习过程，但影响技术学习的因素以及其机制决定了有些企业在现有的成长阶段只会走完其中一个或多个过程，但不可能走完全部的过程。在这种情况下，仅仅依靠政府等外在的激励措施是很难起到决定性作用的。企业应该根据自身的成长阶段、技术的特点，选择合适的技术学习战略。作为影响企业技术学习的外部政府，更多的应该是通过政策等手段促进中小高新技术企业学习技术。

此外，本书试图对影响中小高新技术企业的知识产权问题进行分析，认为知识产权作为影响中小高新技术企业技术学习的一个关键外部变量，一方面从理论上为中小高新技术企业自主创新提供了动力；另一方面在实践中也阻碍了中小高新技术企业技术学习。并在此分析基础上，为企业和政府针对知识产权问题提供了操作建议。

第三节　研究方法与研究框架

针对本书研究主题的特殊性，首先，采取了文献研究法。通过文献研究，掌握有关企业技术学习以及成长理论的科研动态、前沿进展，了解前人取得的成果，并形成对相关理论和事实的科学认识。

其次，为了对中小企业技术学习与企业成长阶段进行分析，本书选择有代表性的中小高新技术企业，通过问卷设计、实地访问、网上收集资料等形式进行调研，试图揭示中小高新技术企业技术学习的经验和存在的典型问题。

最后，为了进一步对问卷进行分析，本书采取了统计分析方法。一方面对调查问卷获得的数据进行描述性分析；另一方面采用指标评价法，刻画中小高新技术企业成长阶段。

本书研究框架如图1-1所示。

本书研究内容主要包括以下几个方面：

（1）企业技术学习战略选择的环境特殊性。在全球化、知识产权、企业成长、技术自身特点等背景下研究处于赶超中的中小高新技术企业的技术学习战略。

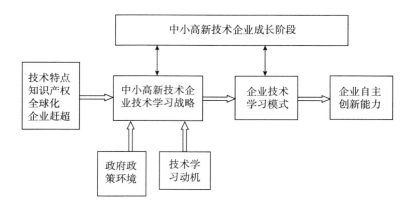

图 1-1　本书研究框架

（2）中小高新技术企业成长阶段分析。根据企业成长理论，结合中小高新技术特点，对中小高新技术企业的成长阶段进行分析，刻画中小高新技术成长阶段的普遍性和特殊性。

（3）中小高新技术企业技术学习动机分析。通过对中小高新技术企业进行技术学习动机的理论分析，为研究企业技术学习战略选择奠定基础。

（4）知识产权背景下中小高新技术企业技术学习战略分析。在分析企业技术学习动机的基础之上，将知识产权变量引入企业技术学习战略中，并对中小高新技术企业的技术学习战略进行分析。

（5）中小高新技术企业技术学习战略与企业成长阶段相关性分析。通过数据采集和分析，探讨企业技术学习战略选择与企业成长阶段相关性，进而为企业技术学习选择提供实证经验。

（6）中小高新技术企业的相机抉择过程。在实证基础之上，本书对大唐移动的技术学习战略选择进行案例分析，试图解释这些企业技术学习战略的相机抉择过程。

第二章 国内外研究综述

本章首先对高新技术企业、中小企业等概念进行了界定，进而对企业成长理论进行了回顾，重点梳理了企业技术学习的相关理论研究，在此基础上，找出下一步研究的重点。

第一节 高新技术企业的界定

高新技术企业是与高新技术相关的一个概念。目前，国际上对高新技术及高新技术产品虽然没有统一的明确的界定，但是主要有以下几个标准：①产品的销售额中研究与开发（R&D）支出所占的比重；②科学技术人员和研究人员占全部职工人数的比重；③产品的主导技术必须是所确定的高技术领域；④产品主要技术必须包括领域中处于技术前沿的工艺或技术突破。与传统技术相比，高新技术主要体现为知识密集型，高投资、高风险和高收益并存，产品更新周期短和综合学科水平要求高等特点。

高新技术企业主要依靠科学技术或者科学发明在新领域中发展，或者在原有领域中革新似地运作，它是知识密集、技术密集的经济实体，其特点主要表现为以下几个方面：第一，与一般企业发展路径不同，高新技术企业的成立往往是在已经拥有研究成果或即将拥有研究成果的基础之上建立起来的。第二，高新技术企业的发展路径导致大多数企业的创始人都为技术人员。第三，高新技术企业在成长初期虽然也面临着规模小、投资少、风险高、管理不完善等特点，但拥有核心技术产品的中小高新技术企业更能受到资本市场的青睐。第四，高新技术企业成长过程的一个显著特点就是求生存期和高速发展期较长，而且高成长性是高新技术企业的重要特点；一旦企业成功占领市场，就会快速成长为成熟的大企业。第五，高新技术企业的产品经营范围不仅包括产品实体本身，还包括知识产权和专利等的转让以及技术的协助开发等内容，这也进一步增加了高新技术企业的经营风险。

我国从 20 世纪 90 年代初期就开始进行高新技术企业的认定工作。为了扶持高新技术产业开发区的快速发展，缩短我国与国外先进技术水平之间的差距，国务院于 1991 年发布了《国家高新技术产业开发区高新技术企业认定条件和办法》，并特别编制了《高新技术产品目录》，通过配套实施财政、税收、金融、贸易等一系列优惠政策，促进了高新技术企业的快速发展，使高新技术企业在众多领域建立生产能力。此时，国家对高新技术企业的界定仍然是以高新技术开发区为范围的，随着经济的进一步发展以及技术的不断进步，我国于 1996 年将高新技术企业认定范围扩展到高新区外，并于 2000 年再次修订了国家高新区内高新技术企业认定标准。科技部、财政部和税务总局在 2016 年重新修订了《高新技术企业认定管理办法》，加大了对科技型企业尤其是中小企业的政策扶持。

以《高新技术产品目录》界定高新技术企业，具有历史的合理性，为我国高新技术产业跨越式发展发挥了极为重要的作用。但随着时间的推移，这一认定标准已经不适应我国科技和经济快速发展的要求。片面追求产品生产加工能力、不注重自主研发，使一些企业更多地集中于高新技术产业链的低端环节，不利于高新技术企业自身的发展，也不利于我国创新大国战略目标的实现。此外，随着高新技术的不断成熟，技术含量高的先进制造业已经成为提升产业竞争力、促进结构调整和优化的战略重点。与此同时，现代服务业正日益成为国家未来经济新的增长点①，伴随着现代服务业发展起来的从事技术研发的企业尚不能被纳入高新技术企业的范畴。高度技术密集、高强度研发投入、高产品附加值是高新技术产业的根本标志。简单用企业生产什么样的产品来界定高新技术企业显然是不科学的，既不能体现高新技术企业的本质，也无法表现工艺和过程创新，更不能用来支持技术型服务业，同时还干扰了地方认定部门对企业技术创新和研发活动等实质内容的关注。由于过去我国以产品为导向认定高新技术企业，因此在一定程度上削弱了企业自主创新的积极性。据不完全统计，全国规模以上企业开展科技研发活动的仅占 25%，研究开发支出占企业销售收入的比重仅为 0.56%，大中型企业为 0.76%，高新技术企业平均为 2%，只有 0.03% 的企业拥有自主知识产权。

　　为此，科技部、财政部和国家税务总局根据国家中长期科技发展规划和"十一五"发展规划，于 2008 年颁布了《高新技术企业认定管理办法》和《高新技术企业认定管理工作指引》，对高新技术企业进行了规范界定，并在此基础之上，对高新技术企业进行融资、税收等方面的政策优惠。

　　2016 年 3 月，科技部、财政部、国家税务总局联合发布了修订《高新技

---

　　① 徐冠华：《加快我国现代服务业发展的思考和建议》，《中国科学院院刊》2006 年第 1 期，第 1-3 页。

术企业认定管理办法》及《国家重点支持的高新技术领域》，高新技术企业的认定标准如下：

（1）企业申请认定时须注册成立一年以上。

（2）企业通过自主研发、受让、受赠、并购等方式，获得对其主要产品（服务）在技术上发挥核心支持作用的知识产权的所有权。

（3）对企业主要产品（服务）发挥核心支持作用的技术属于《国家重点支持的高新技术领域》规定的范围。

（4）企业从事研发和相关技术创新活动的科技人员占企业当年职工总数的比例不低于10%。

（5）企业近三个会计年度（实际经营期不满三年的按实际经营时间计算，下同）的研究开发费用总额占同期销售收入总额的比例符合如下要求：

1）最近一年销售收入小于5000万元（含）的企业，比例不低于5%。

2）最近一年销售收入在5000万元至2亿元（含）的企业，比例不低于4%。

3）最近一年销售收入在2亿元以上的企业，比例不低于3%。

其中，企业在中国境内发生的研究开发费用总额占全部研究开发费用总额的比例不低于60%。

（6）近一年高新技术产品（服务）收入占企业同期总收入的比例不低于60%。

（7）企业创新能力评价应达到相应的要求。

（8）企业申请认定前一年内未发生重大安全、重大质量事故或严重环境违法行为。

2016年版《高新技术企业认定管理办法》与2008年版相比，申报流程的公示时间大幅度压缩；对科技和研发人员的比例不再有硬性要求，只要求占职工总数的 10% 以上即可。最为明显的是，将知识产权划分为 I 类和 II 类；授权时间由近三年内调整为无规定；使用次数上，II 类知识产权仅限使用 1 次，其他无规定；获取方式上，取消了五年以上独占许可。这些变化一方面体现了国家对高新技术企业越来越重视；另一方面也说明了知识产权在其中起到了越来越重要的作用。中美贸易摩擦背景下，越来越多的中国高新技术企业受到了美国的制裁，这背后其实也深刻反映了在经济全球化和知识产权制度国际化背景下，各国企业和产业之间围绕核心技术及其产业开展激烈竞争的现实。核心技术的开发与运用离不开当代知识产权制度的有效保护，知识产权制度运用与企业创新发展之间具有十分密切的联系。对于我国中小高新技术企业而言，更是如此。

第二节　中小企业的界定

中小企业指的是按照企业规模对企业进行一种分类。但是衡量指标的多样性、行业的差异性、划分标准的动态变化性等特点都使这项工作变得十分复杂。目前，世界各国界定企业规模的方法可归纳为两种：第一种方法是客观性标准，即以销售收入、生产能力、从业人数等客观性指标为划型标准。其中各国的制造业以从业人数为标准带有普遍性。第二种方法是相对性标准（也称为主观性标准），即以行业中的相对份额指标为标准。

我国关于企业规模的划分标准，曾经做过五次界定。第一次是 20 世纪 50 年代初，规定以企业职工人数作为划分企业规模的标准。第二次是 1962 年，由原来以企业职工人数为划分标准改为按固定资产额来划分企业规模。第三次是 1978 年，在 1962 年的基础上又改为以综合生产能力为标准，划分企业规模。第四次是 1988 年，由国家经贸委等五部委颁布了《大中小型工业企业划分标准》（以下简称为《标准》）。该《标准》具有两大特征：一是将企业划分为四种类型，即特大型、大型（又分为大一、大二两类）、中型（又分为中一、中二两类）和小型；二是考虑到行业特征，分为三大参照系（生产能力或产品产量、设备功能或数量、固定资产原值）来界定企业规模。第五次是 2003 年 2 月 19 日，为贯彻落实《中华人民共和国中小企业促进法》精神，由国家经贸委等四部委共同研究制定的《大中小型企业划分标准》公布实施。该规定适用于工业、建筑业、批发和零售业、交通运输和邮政业、住宿和餐饮业等领域，主要根据企业的职工人数、销售额、资产总额三项指标，结合行业特点而制定。

随着经济社会的发展，当时的大中小企业的衡量标准已经很难准确地说明企业规模的全部内涵了，应该采用一种整体的概念指标而不仅仅是企业的某一个方面来更好地衡量企业规模，应该考察企业的其他重要指标。比如企业所处行业的结构、企业产品的市场份额、员工人数、销售额、经济附加值、产品种类的复杂性以及多样性、产品工艺技术的复杂性等因素。在这些综合的、众多的因素中，德鲁克（1973）指出企业的管理结构是衡量企业规模的唯一真正特点。[①] 小企业只要求一个人专门从事高层管理工作而不从事其他任何职能工作，而中等规模的企业就需要一个非正式的团队来管理公司，大企业则需要通过专门的管理团队来管理企业。

在这种情况下，当时的中小企业划分标准有些已经过时了，主要体现在小企业划分标准过宽。按当时的标准，规模以上小型工业企业占到全部工业企业的 91.8%，不符合实际情况。同时，更没有考虑微型企业。所以，在这

---

① 彼得·F. 德鲁克：《管理：任务、责任和实践》，中国社会科学出版社 1987 年版，第 795—796 页。

种情况下，就出现了对于中小企业的第六次调整。2011 年，工业和信息化部、国家统计局、国家发展改革委、财政部等部委出台了《关于印发中小企业划型标准规定的通知》，并结合实际情况，出台了《统计上大中小微型企业划分办法（2011）》。2017 年，又进行了微调，形成了《统计上大中小微型企业划分办法（2017）》，如表 2-1 所示。

表 2-1　统计上大中小微型企业划分标准

行业名称	指标名称	计量单位	大型	中型	小型	微型
农、林、牧、渔业	营业收入（Y）	万元	$Y \geq 20000$	$500 \leq Y < 20000$	$50 \leq Y < 500$	$Y < 50$
工业	从业人员（X）	人	$X \geq 1000$	$300 \leq X < 1000$	$20 \leq X < 300$	$X < 20$
	营业收入（Y）	万元	$Y \geq 40000$	$2000 \leq Y < 40000$	$300 \leq Y < 2000$	$Y < 300$
建筑业	营业收入（Y）	万元	$Y \geq 80000$	$6000 \leq Y < 80000$	$300 \leq Y < 6000$	$Y < 300$
	资产总额（Z）	万元	$Z \geq 80000$	$5000 \leq Z < 80000$	$300 \leq Z < 5000$	$Z < 300$
批发业	从业人员（X）	人	$X \geq 200$	$20 \leq X < 200$	$5 \leq X < 20$	$X < 5$
	营业收入（Y）	万元	$Y \geq 40000$	$5000 \leq Y < 40000$	$1000 \leq Y < 5000$	$Y < 1000$
零售业	从业人员（X）	人	$X \geq 300$	$50 \leq X < 300$	$10 \leq X < 50$	$X < 10$
	营业收入（Y）	万元	$Y \geq 20000$	$500 \leq Y < 20000$	$100 \leq Y < 500$	$Y < 100$
交通运输业	从业人员（X）	人	$X \geq 1000$	$300 \leq X < 1000$	$20 \leq X < 300$	$X < 20$
	营业收入（Y）	万元	$Y \geq 30000$	$3000 \leq Y < 30000$	$200 \leq Y < 3000$	$Y < 200$
仓储业	从业人员（X）	人	$X \geq 200$	$100 \leq X < 200$	$20 \leq X < 100$	$X < 20$
	营业收入（Y）	万元	$Y \geq 30000$	$1000 \leq Y < 30000$	$100 \leq Y < 1000$	$Y < 100$
邮政业	从业人员（X）	人	$X \geq 1000$	$300 \leq X < 1000$	$20 \leq X < 300$	$X < 20$
	营业收入（Y）	万元	$Y \geq 30000$	$2000 \leq Y < 30000$	$100 \leq Y < 2000$	$Y < 100$
住宿业	从业人员（X）	人	$X \geq 300$	$100 \leq X < 300$	$10 \leq X < 100$	$X < 10$
	营业收入（Y）	万元	$Y \geq 10000$	$2000 \leq Y < 10000$	$100 \leq Y < 2000$	$Y < 100$
餐饮业	从业人员（X）	人	$X \geq 300$	$100 \leq X < 300$	$10 \leq X < 100$	$X < 10$
	营业收入（Y）	万元	$Y \geq 10000$	$2000 \leq Y < 10000$	$100 \leq Y < 2000$	$Y < 100$
信息传输业	从业人员（X）	人	$X \geq 2000$	$100 \leq X < 2000$	$10 \leq X < 100$	$X < 10$
	营业收入（Y）	万元	$Y \geq 100000$	$1000 \leq Y < 100000$	$100 \leq Y < 1000$	$Y < 100$

续表

行业名称	指标名称	计量单位	大型	中型	小型	微型
软件和信息技术服务业	从业人员（X）	人	X≥300	100≤X<300	10≤X<100	X<10
	营业收入（Y）	万元	Y≥10000	1000≤Y<10000	50≤Y<1000	Y<50
房地产开发经营	营业收入（Y）	万元	Y≥200000	1000≤Y<200000	100≤Y<1000	Y<100
	资产总额（Z）	万元	Z≥10000	5000≤Z<10000	2000≤Z<5000	Z<2000
物业管理	从业人员（X）	人	X≥1000	300≤X<1000	100≤X<300	X<100
	营业收入（Y）	万元	Y≥5000	1000≤Y<5000	500≤Y<1000	Y<500
租赁和商务服务业	从业人员（X）	人	X≥300	100≤X<300	10≤X<100	X<10
	资产总额（Z）	万元	Z≥120000	8000≤Z<120000	100≤Z<8000	Z<100
其他未列明行业	从业人员（X）	人	X≥300	100≤X<300	10≤X<100	X<10

资料来源：《统计上大中小微型企业划分办法（2017）》。

根据最新的划分办法，企业划分指标以现行统计制度为准：①从业人员，是指期末从业人员数，没有期末从业人员数的，采用全年平均人员数代替。②营业收入，工业、建筑业、限额以上批发和零售业、限额以上住宿和餐饮业以及其他设置主营业务收入指标的行业，采用主营业务收入；限额以下批发与零售业企业采用商品销售额代替；限额以下住宿与餐饮业企业采用营业额代替；农、林、牧、渔业企业采用营业总收入代替；其他未设置主营业务收入的行业，采用营业收入指标。③资产总额，采用资产总计代替。

第三节　企业成长文献综述

企业成长理论是涵盖经济学、管理学、社会学等多门学科的一种理论。影响企业成长的因素非常多，简单而言可以分为内部的可控因素和外部的不可控因素，而且企业成长自身的动态变化性也进一步增加了研究企业成长的复杂性。本节从现代企业成长理论入手，对企业成长理论做个简单综述回顾。

现代企业成长理论的奠基人是彭罗斯（Penrose）。彭罗斯以单个企业为研究对象，构建了"企业资源—企业能力—企业成长"的分析框架，对企业成长问题进行了系统的理论研究。随着彭罗斯企业成长理论的提出，越来越多的学者开始从不同的角度分析企业成长。总体而言，目前可以分为以下三种：

一、企业内部成长理论

企业内部成长理论认为，企业的成长是由企业内在因素决定的。代表人物是 Penrose（1955，1959，1971）的资源成长理论、Chandler（1962，1977，1999，2005）的结构能力成长理论、Peter Drucker（1973）的经营成长理论、以 Richard R. Nelson 和 Sideny G. Winter（1982）为代表的演化成长理论。

Penrose 认为作为生产资源的所有者，企业拥有的资源决定了企业能力，而企业资源和企业能力决定了企业边界。企业的成长要受制于企业家注意到的并能利用的"生产机会"。企业成长的本质就是对不断变化的企业生产机会的研究。彭罗斯首先提出了企业成长将依赖于企业家，企业家的意志力、决策和动机在此过程中起到了十分重要的作用。除了企业家，企业的人力资源在企业内部资源中也发挥着重要作用，人力资源拥有知识的量的水平决定了企业内部物质资源所能提供的服务和质量，这些资源共同构成了企业的管理能力。彭罗斯进一步分析认为，限制企业成长的因素主要有三个：管理竞争力、产品或要素市场以及风险与外部条件的结合，其中，企业内部因素是限制企业成长的关键因素。彭罗斯主张视企业成长为一个不断地挖掘未利用资源的无限动态变化的经营管理过程，认为管理资源是企业成长的源泉，突破管理服务供给的限制、释放管理能力对企业成长有着显著的意义。

彭罗斯也关注中小企业的成长，她认识到较小的企业作为一个群体对于外部世界而言与大企业所处的地位是不同的。小企业的成长面临不少障碍，因为规模大、年头长的企业在任何产业中都比小企业或新进入者更有竞争优势，这些优势当然是指规模、经验和成功史。其中，资本问题是小企业最严重的竞争障碍之一。普通情况下小企业必须承担相对较高的利息率；并且在任何利率下，它们得到的资金数量都受到绝对的限制；如果遇到货币当局提高利率，限制银行贷款额度，银行储备和信贷额度的压力相比价格上涨的压力会让小企业在经济中的地位更糟糕。但是在经济高涨时期，中小企业相对大企业有扩张优势，此时应该利用自身的特点进入经济中的间隙地带，谋求生存。①

企业史学家艾尔弗雷斯 D. 钱德勒通过对美国、德国、英国等国家的大型企业成长研究，提出了企业成长为现代大型工商企业的三个必要条件：一是企业层级结构的形成和发展。钱德勒认为企业发展以及企业战略必须要有相应组织结构的变化，② 大规模管理组织对生产、营销过程的协调是生产率提高的源泉。③ 二是职业经理人的出现。企业规模的扩大以及随之而来的组织结构的复杂化，使职业经理在管理职能上替代了企业主，这种"管理革命"使企业内部的行政协调在很多方面替代了古典经济系中的市场协调，促使企业进一步成长。④ 三是企业管理和组织能力所形成的综合学习能力的提升。企业只有获得了强大的组织能力，才能在市场中建立强大的进入壁垒或突破先行者建立的进入壁垒。⑤ 钱德勒认为在高技术企业中，企业的成长和成功

---

① 赵卫星：《高速成长型中小企业研究》，中国社会科学院研究生院博士学位论文，2007 年，第 13 页。

② 艾尔弗雷斯·D. 钱德勒：《战略与结构》，云南人民出版社 2002 年版。

③④ 艾尔弗雷斯·D. 钱德勒：《看得见的手：美国企业的管理革命》，商务印书馆 1987 年版。

⑤ 钱德勒认为的组织能力的内涵也在不断发生变化。不仅包括企业的管理能力（钱德勒，1977），同时还包括生产能力和营销能力（钱德勒，1994）。在高技术企业中，这种组织能力扩展为企业"知识—技能、功能、管理能力"，而且，以技术和功能为基础的综合学习能力成为企业成长的关键（钱德勒，2005）。

越来越多地依赖于以技术和功能为基础的"综合学习能力"的获得和维持。①

德鲁克（1973）指出，企业对成长机会的把握取决于内部的成长准备，企业成长必须有一个切实可行的目标和切实可行的成长战略。德鲁克认为，企业成长和员工成长是一致的，更加强调企业与人的天人合一、协调发展，这是企业成长的更高境界。② 此外，德鲁克还强调企业成长过程中应该重视企业社会责任，而且对企业而言，首要的社会责任应该是盈利以及企业的成长。③

在企业内部成长理论中，基于演化经济学的成长理论占据了主要地位。20 世纪 80 年代以来，很多学者从企业内部出发讨论不确定性条件下企业的成长及竞争行为，并形成了"资源基础理论"（Wernerfield，1984；Barney，1986，1999）、"动态能力理论"（Teece et al.，1990）和"核心能力理论"（Prahalad and Hamel，1990）。20 世纪 90 年代以来，随着知识经济的到来，强调知识特征成为演化成长理论的另一种趋势，更多的学者从知识创新的角度研究了企业成长。野中郁次郎（1991）认为，企业对外部环境的反应机制是解释企业成长的关键。演化成长理论认为，企业组织中的默认知识构成了企业持续成长和竞争优势的核心内容，④ 在实际操作中这种核心的默认知识

---

① 小艾尔弗雷斯·D. 钱德勒：《塑造工业时代：现代化学工业和制药工业的非凡历程》，华夏出版社 2006 年版。

② 彼得·F. 德鲁克：《管理：任务、责任和实践》，中国社会科学出版社 1987 年版。

③ 德鲁克（1984）认为"目前大部分对'企业社会责任'的讨论都假定或隐含，赚取利润在本质上是违背'社会责任'的，或者至少是与社会责任无关的。……现今，社会责任的赞同者，很少考虑'赚钱行善'（to do well to do good），也就是将社会的需要和问题转化为公司的盈利机会，即使那些否定公司负有社会责任的人（如弗里德曼）也很少这样看"。德鲁克这里提出了对于企业成长目标的有趣话题：企业都是追求利润最大化和利润最优化的。

④ 传统西方经济学和管理理论一直把组织当作一种决策的信息处理器（野中郁次郎，1991），但是野中郁次郎认为，真正构成企业长期竞争优势的不是企业正式的系统化知识，而是缄默知识。这点与 Nelson 和 Winter 的观点类似，Nelson 和 Winter 所说的"惯例"指的就是存在于组织行为中的默认知识，如技巧和诀窍等，而不是确定性的知识。

更多地表现为支撑企业运行的惯例（Routine）。但是，把企业的本质归结为惯例化的生产性知识集合还不足以完整地解释企业的成长（刘刚，2003）。在动态复杂的变化环境中，企业的核心知识不足以支撑企业的成长，反而会成为企业发展的障碍。Dorophy Leonard-barton（1997）认为，企业的核心知识和能力构成了企业的核心刚度，尤其是外部环境发生重大变化的条件下。从这个角度而言，在不断变化的条件下，持续的知识创新才是企业成长的关键。刘刚（2003）认为，通过主导逻辑①的推广普及、差异化、知识重组和新的主导逻辑的形成等演进过程，企业可以获得持续的成长。杨景岩等（2006）认为，企业提高效率、转变增长方式才能实现可持续的高速成长。技术创新对企业成长具有重要作用，企业在成长过程中要重视技术创新。赵祥（2009）认为，集聚效应对企业规模扩张具有显著正向促进作用，多元化集聚对企业成长的影响非常小。侯杰等（2011）认为，企业的成长是在不断"试错"和创新过程中获得发展，市场生存空间、资源禀赋优势及新商业模式都会引发企业变化。陈霞等（2015）认为，企业治理水平对企业价值和成长具有正向作用，企业成长在企业治理水平对企业价值的影响过程中起到部分中介作用。戴浩等（2018）指出，前期政府补助、技术创新投入对企业成长具有正向引导作用，需要进一步完善相关政策和措施促进企业成长。刘文江（2019）认为，资本运作对于企业增值具有重要作用，有助于保证企业快速成长，实现企业价值最大化目标。丁宇（2020）认为，创新型企业文化是企业竞争优势形成的重要前因变量，以创新为导向的价值观念和激励机制是企业成长的重要途径。倪克金等（2021）认为，数字化转型对企业成长具有重要影响，能够促进企业的成长，尤其是对制造业的影响较为显著。

---

① 主导逻辑是指惯例化的企业核心知识，在既定的条件下，主导逻辑推动了企业的发展和扩张并构成了企业竞争优势的基础。当外界环境发生变化时，主导逻辑必须通过自身的不断演进来适应环境的变化。

企业内部成长理论认为，企业成长发展是由企业内部要素决定的，这些因素主要包括企业家精神、企业组织结构、企业自身的组织能力以及企业组织整体的知识创新等因素。

二、企业外部环境影响理论

与企业内部成长理论的观点不同，企业外部环境影响理论认为，虽然企业内部要素构成了企业成长的关键因素，但是企业所处的市场环境、技术特点等外部环境也会对企业成长起到重要的影响作用。代表人物是 Robin Marris（1964）的经理型企业模型、Ronald H. Coase（1937）的交易费用成长理论、Oliver Williamson（1964）的资产专用性观点、H. Igor Ansoff（1957）的战略成长理论、Gibrat（1931）的组织生态学成长理论等。

Marris（1964）认为，企业是由管理者和股东共同管理的，股东的目标是追求分红和股价的最大化，管理者尽管也要服务于股东，但管理者更加关注与企业自身规模相关的权利（Power）、威望（Prestige）、薪水（Salary）。也就是说，在最小股票约束条件下追求企业增长的最大化构成了企业管理者追求的最大目标。Marris 将财务供给与产品需求作为企业成长的共同变量，企业的均衡增长是由产品需求曲线与财务供给曲线共同决定的。在财务供给和产品需求的共同约束下，以下因素决定了企业成长率：由于扩张成本降低了边际利润或提高了资本产出率而产生的需求约束、由于扩张加速时管理者效率的损坏而产生的管理者约束、由于股东出售股份或股票销售恶化产生的兼并威胁导致的财务约束和管理者追求的目标。[①]

作为制度经济学的代表人物，Coase（1937）认为，"企业成长就是企业边界的拓展"。新古典经济学在研究企业时将企业看作一个"黑匣子"，

---

①　赵卫星：《高速成长型中小企业研究》，中国社会科学院研究生院博士学位论文，2007 年。

忽视了企业在资源配置中的作用。Coase（1937）认为，当企业家追加企业交易时，就会促进企业成长。在具体实现方面，企业可以通过扩大其横向边界以形成规模经济与范围经济，通过扩大纵向边界实行纵向链条的一体化。在企业成长过程中，Coase 强调了合适的制度安排以及制度创新对企业成长的重要性，企业科层组织可通过组织和流程再造增强企业的竞争力和成长性。

Williamson（1964）在 Coase 交易费用理论基础之上，以交易为基本分析单位，对不同组织形式的交易费用进行具体的经济学分析，研究了企业与市场之间相互替代的制度问题。关于企业成长的边界问题，Williamson 认为，交易频率、资产专用性以及企业所处的契约环境决定了企业边界。企业和市场之间的效率边界，就是被证明为在企业内部进行是有效率的核心技术和另外一些被置于企业之内的交易加在一起所形成的交易的集合界限。Williamson 认为，作为交易经济学的母体，纵向一体化是企业处理契约不完全性或者资产高度专用性的重要手段，纵向一体化的基本因素是企业纵向生产阶段中现有的和潜在的交易成本。当企业资产专用性提高时，市场的潜在交易成本会增加，企业纵向一体化可能性就会加大，从而实现企业边界的扩展，实现企业成长。

企业成长过程中，除了内部要素之外，企业所处的外部环境也会对企业成长起到重要的影响作用。H. Igor Ansoff（1957）将"环境变量"引入企业成长战略中，把着眼点从企业内部转移到了企业外部，将企业成长战略的重心放在提高企业对外部环境的融合性上，并建立了宏观层面的企业成长战略模式。[①] Ansoff 认为企业面临的环境是动荡复杂的，企业领导者需要承担相应

---

① 刘婷：《企业成长理论与战略理论的耦合性分析》，《生产力研究》2005 年第 12 期，第 27 页。

的责任，结合企业战略发展的四个要素①使企业能够把握企业成长的方向和范围，并委托计划人员去具体执行。

基于组织生态的经典组织成长理论是吉布莱特定律（Gibrat's Law）。Gibrat（1931）认为，在相同的经济环境下所有的厂商会面对相同的成长率分配函数，无论大厂还是小厂都会面对相同的期望成长率，即同一行业中的企业，不管其规模大小，在相同的时期内，企业成长的概率都是相同的，企业成长率是独立于企业规模的变量。吉布莱特定律有两个基本推论：①企业的成长是个随机过程，影响企业成长的因素有很多，很难对其进行准确预测；②不同规模的企业，其成长率并不因各自规模大小的不同而有所差异。

但是 Gibrat 忽略了组织的出生和死亡，对组织自身的因素和行业因素也缺乏考虑。Evans（1987）以 1876~1982 年美国制造业为例，研究了企业成长、企业规模、企业生存年龄之间的关系。他认为：①企业的生存能力随着企业规模的扩大而提高；已经存活下来的企业成长率随着规模扩大而下降；②对于任何一家企业而言，随着企业生存年限的增加，企业成长率会有所降低，但企业生存能力也会随之提高。Dunne 等（1988）对单厂企业和多厂企业的研究证实，单厂企业的成长率随着企业规模扩大和年龄增长而下降；多家企业的净成长率与企业规模和年龄同步增长。McCloughan（1995）的研究表明，随着规模的扩大和年龄的增长，公司组织成长的可变性降低，而且组织成长率是自相关的，这也意味着公司在某年内高速成长，则其在次年高速成长的可能性更大。总的行业进入率和退出率之间呈正相关关系。Sutton

---

① Ansoff 提出了"产品市场匹配"的概念，认为企业经营战略实质是四种因素（现有产品、未来产品、现有市场和未来市场）的合理组合，据此，安索夫提出了四种组合战略，即市场渗透战略——现有产品和现有市场的组合，产品开发战略——现有市场与未来产品的组合，市场开发战略——现有产品与未来市场的组合，多元化战略——未来产品与未来市场的组合。这四种战略是日后著名的"安索夫矩阵"的雏形，成为安索夫战略理论体系的主要构成部分。

（1997）对组织成长进行的实证研究也证明，公司成长率随着规模的扩大和年龄的增长而降低。

在组织种群的动态背景下，组织生态位对组织成长策略的选择具有直接的影响。MacArthur（1962）将企业组织成长策略分为 R 策略和 K 策略，并在此基础上提出了 R-K 选择理论。其中 R 成长策略是一种变态繁殖策略，它指有利于增加内禀增长率（Per Capital Rate of Increase）的选择，表现为具有较高的繁殖能力，通过产生大量变态的后代适应不稳定的环境。当组织的生态环境不稳定时，组织种群通过生产各种局部性质不同的个体占领组织群落空间的不同生态位，以保证组织种群实现动态平衡和增长。K 成长策略是一种饱和策略，它有利于增加竞争力的选择，表现为能更有效地利用资源，提高组织种群在稳定环境下的环境容量，以达到更高的饱和密度。当组织生态环境比较稳定时，组织个体通过改善组织内部要素的效率来提高核心竞争力，以保证组织个体能从单项资源中获取足够的成长支持。

企业是在一定环境中成长和运行的，外部环境的变化会给企业带来一定的发展机会，同时也会给企业发展带来不利影响。张维迎（2005）指出，企业受到外部环境的影响，企业要在市场竞争中获得快速发展，就需要快速适应外部环境的变化。企业要抓住自身的核心竞争力，制定战略，加强管理，改善经营。陈仲常等（2007）针对产业层面对企业研发投入的外部环境影响进行了研究分析，认为筹资环境的变化对企业的研发投入具有显著影响，需要政府通过政策拨款和税收优惠政策来推动企业加大研发投入。何新明等（2010）认为，企业的利益相关者导向对组织绩效的正向作用不受外部环境的影响，随着行业生命周期而逐步降低。齐永兴（2011）认为，企业的发展与外部环境有着密切的联系，总会受到"硬"环境与"软"环境约束，其中关键因素包括自然资源环境与基础设施、经济环境、政府政策、信息网络等。

张萍（2012）认为，企业是整个社会中的一个子系统，外部环境的变化会对企业管控模式产生影响。企业发展受到资源和技术环境的影响，产生一定不确定性，需要国家不断稳定经济发展环境，促进企业良好健康发展。陈志军等（2015）指出，环境动态性对企业动态能力与组织绩效具有调节作用，面临的环境动态性越高，企业的动态能力对绩效的正影响越显著。王科唯等（2020）研究了外部环境对稀土上市公司的影响，认为稀土上市公司的发展受到市场份额、政府政策和技术水平等的影响较大，需要加强对稀土资源的保护和技术研发，推动产业规模化、集约化发展。

三、企业生命周期理论

企业生命周期理论认为，企业是一个有机的生命体，经历了一个从孕育到死亡的全过程。企业生命周期理论通过分析企业成长的不同阶段，揭示其在不同阶段的成长特点以及相关的组织特点。

美国著名管理学家 Ichak Adizes（1998）认为，企业的生命周期要经历两个阶段、十个时期。其中，两个阶段是成长阶段与老化阶段；十个时期是指孕育期、婴儿期、学步期、青春期、盛年期、稳定期、贵族期、官僚化早期、官僚期与死亡期。企业的成长与老化主要通过灵活性与可控性这两大因素之间的关系表现出来。Richard L. Daft（1999）提出组织发展经历了四个主要阶段：创业阶段、集体化阶段、规范化阶段和精细化阶段，并从结构、产品或服务、奖励与控制系统、创新、企业目标、高层管理方式六个方面对组织在这四个阶段的特点进行描述。

在国内，陈佳贵（1988）首先提出企业成长要经历孕育期、求生存期、高速发展期、成熟期、蜕变期、衰退期六个阶段，并对每个阶段企业的规模、人员、组织、管理等方面进行了分析。将企业成长类型按照企业规模扩张分为 A、B、C 三型。A 型为超常发育型，B 型为正常发育型，C 型为欠发育型。其中，超长发育型企业诞生时为大中型企业，企业成长起点高、实力强，有可能发展成为超级大企业或跨国公司。① 正常发育型企业诞生之时只是一个小企业，经过不断的成长，提升了企业的组织能力，从而从小企业发展成为中型企业和大型企业。② 欠发育型企业在建立时是一个小企业，随后经过多年的发展和成长，尽管企业实力和规模会有所提高，但在整个生命周期阶段，仍然是一个小企业，并没有成长为中大型企业。③ 此说法最大的创新在于将衰退期改为"蜕变期"，有助于解释少数长寿企业。

此外，通过对企业生命周期不同阶段的特点进行分析，可以划分企业生命周期阶段的系统指标。郑仁伟（1995）、徐文忠（2007）总结了企业生命周期阶段的不同指标。首先，对企业生命周期的刻画主要从系统维度和组织维度进行分析，其中，系统维度主要包括企业年龄、规模、员工人数、成长率以及企业不同阶段所面临的任务和挑战；组织维度主要包括企业组织结构、部门权力分布、管理层级等方面。此外，多数学者结合系统维度和组织维度，选取了企业规模、年龄、成长率、结构特性四种变量作为企业生命周期阶段划分的主要研究变量。

董轩（2008）指出，在企业生命周期不同阶段，影响企业价值的因素不同，企业价值评估方法也不同。在企业各自的生命阶段，采取对应的方法才能公正地评价企业价值。谈江辉（2010）认为，企业生命周期是企业初创、成长、成熟和衰退时期。企业应在不同生命周期阶段制定不同的财务战略，

---

① 我国目前很多的国有企业，尤其是中央企业就属于超常发育型企业。在金融危机背景下，随着产业振兴规划的出台以及产业结构的调整，这些超常发育型企业会越来越多。

② 在新的产业环境下，随着新技术的出现以及国家技术战略的调整，高新技术产业中正常发育型企业数量会越来越多。

③ 徐文忠：《中国大陆地区台资中小企业成长研究》，中国社会科学院研究生院博士论文，2007 年。

以适应企业发展需要。田守枝等（2013）认为，企业生命周期始终影响企业的发展轨迹，企业要想可持续发展必须掌握企业生命周期变动规律，及时调整企业发展战略。唐玮等（2015）认为，民营企业生命周期是影响研发投入的重要因素，随着民营企业生命周期的递进，企业的研发投入水平会逐渐降低。在成长阶段企业会提高研发投入，在成熟阶段企业开始降低研发投入，直至进入衰退阶段。饶水林（2017）研究了我国上市公司治理机制对其投资行为的影响，表明公司治理机制效果与企业生命周期密切相关。企业在成长期，其债务约束能够抑制企业投资支出；企业在成熟期，易产生过度投资行为；企业在衰退期，加强信息披露和提高会计稳健性有助于企业理性投资。赵天骄等（2019）认为，企业生命周期会影响企业的社会责任，而企业社会责任可以提高企业投资水平。成长期和成熟期的企业履行社会责任可以促进企业增加投资，在衰退期企业社会责任对企业投资的促进作用不明显。李亚玲等（2020）指出，企业家精神对企业绩效的影响既会受到企业生命周期的影响，还会受到行业异质性的影响。企业应重视企业发展不同阶段、行业与企业家精神的适应性，要有针对性与选择性地培育企业家精神。杨富云（2021）认为，中小企业会受到生命周期理论的影响，不同时期的中小企业需要采取不同的管理模式，否则就会陷入衰落危机。杨雪等（2022）基于企业生命周期理论研究了新创企业创建期及成长期，决策逻辑与企业绩效之间的关系。因果逻辑、效果逻辑有助于提升新创企业的绩效，决策逻辑的有效性会随着企业生命周期的变化而不同。在创建期，效果逻辑对企业绩效具有显著正向作用，而因果逻辑对企业绩效的影响不显著；在成长期，因果逻辑对企业绩效具有显著正向影响，效果逻辑对企业绩效的影响并不显著。

四、中小高新技术企业成长阶段理论

尽管中小高新技术企业在高新技术产业中发挥着越来越重要的作用，但是企业的规模、筹融资能力、技术学习能力以及组织战略等因素始终制约着中小高新技术企业的发展。在中小高新技术企业的发展过程中，企业自身的特点以及技术方面的特性决定了其成长阶段的特殊性。

金光宇等（2009）指出，中小高新技术企业具有高风险、高收益、高附加值、高投入等特点，在成长过程中面临人才匮乏、自主研发能力不强等问题。中小高新技术企业需要构建合理的人才结构和激励机制，强化创新意识和注重研发，强化融资管理和拓宽融资渠道，才能保证中小高新技术企业健康发展。钟永盛（2011）认为，中小高新技术企业是我国发展高新技术产业的生力军，中小高新技术企业应当积极推进管理创新并转变管理模式，加强柔性管理，提高整体柔性，才能保证平稳发展。金花等（2012）研究了中小高新技术企业在成长过程中的制约因素，这些因素包括资金短缺、技术创新持续能力不强、内部管理问题、政策措施创新力度不够等。因此，要拓宽融资渠道，增强高新技术企业融资能力；加强高新技术企业政策引导，创造良好环境；加强创新能力，提升高新技术企业竞争力，加强内部管理，提升发展质量与水平；完善政策机制，加快高新技术企业的发展。姚正新等（2013）研究了成长型高新技术企业员工关系，认为企业应当高度重视员工关系管理工作，要用实际行动和企业文化留住员工、激励员工、培养员工。肖鹏（2017）指出，发展高新技术企业需要转变经济发展方式，在战略新兴领域应当加快发展高技术企业。韩爱青（2019）认为，高新技术企业是科技创新主体，是战略性新兴产业、未来产业发展的主力军。我国高新技术企业成长需要良好的创新生态系统，需要不断优化政策扶持、金融助力、创新创业生态环境，推进高新技术企业健康发展。刘砾丹等（2020）认为，企业成长性对资本结构的影响是动态的，在不同成长阶段，企业对资金的需求是不同的，在成长期，资本结构调整的速度最快，其次为衰退期，成熟期最慢。

企业经营的根本目的是实现价值的最大化。对于高新技术企业尤其是中小高新技术企业而言，要想实现价值的最大化就需要掌握核心的技术优势。从这个角度来说，技术的不断学习和创新是推动中小高新技术企业成长的重要支点。中小高新技术企业自身组织结构的灵活性以及对技术创新的持续追求使中小高新技术企业得以围绕核心技术进行自主开发，通过原始创新、集成创新和引进消化吸收再创新等方式实现企业从技术研发到产品生产再到产品销售的整个过程。从市场角度而言，中小高新技术企业的成长过程其实就是企业产品不断被市场和客户接受的过程。在这个过程中，伴随着企业管理理念、组织结构、组织文化以及企业战略等的转变，在实现企业价值最大化的同时，也实现了企业自身的成长。

按照企业生命周期理论的观点，企业是有机的组织，其成长遵循着从孕育到死亡的生物生命规律。中小高新技术企业经历这种量变和质变的过程，其实就是经历技术选择、技术研发、技术成果转化、技术成果商业化四个过程，而这个过程其实也就是本书所提到的技术学习全过程。尽管对于一般企业而言，孕育期、求生存期、高速成长期、成熟期、蜕变期、衰退期六个时期是企业成长的全过程，但是对于中小高新技术企业而言，更多的仍然停留在孕育期、求生存期、高速成长期三个阶段。这是因为一旦中小高新技术企业进入高速成长期，企业的规模和实力就会增长，在这种情况下，企业将会由中小高新技术企业发展成为中大型高新技术企业，不再满足中小高新技术企业的概念界定；蜕变期则是企业成熟期后的一种路径选择。在这种情况下，中小高新技术企业的生命周期一般可以分为孕育期、求生存期、高速成长期三个阶段。

首先，企业的孕育期指的是企业的初建阶段。对于中小企业而言，企业主要由个人独资创建或者属于国有企业。对于中小高新技术企业而言，企业的创建者多为拥有核心技术或相关专利的技术人员。在孕育期，企业的可塑性很强，企业产品方向、工艺技术装备、企业规模以及企业场地的选择余地都很大，而且对企业以后发展影响甚大。但是这个时期的企业，尤其是中小高新技术企业，需要大量的资金投入，但是却没有实体形式的产品。在这种情况下，通过已有数据并不能证明企业所选择的技术学习战略是否与企业所处的内外部环境相匹配，而且技术自身的敏感性以及专利等知识产权因素也使对孕育期的中小高新技术企业技术学习战略的数据收集出现很大困难。此外，处于孕育期的企业可塑性很强，这也使企业在这一阶段的技术学习战略带有较大的随意性。

其次，企业的求生存期指的是企业取得等级注册，并开始运营后进入的阶段。求生存期的中小高新技术企业为了生存，一方面，要与其他企业尤其是产业链中的大企业形成联盟伙伴关系，稳定自己的营业收入，确保企业生存所需要的资金和产品；另一方面，中小高新技术企业应积极主动地通过自主研发，快速实现技术学习的选择和成果转化，从而提升企业的筹融资能力，促进企业的发展。对于求生存期的企业而言，企业对新技术的接受、消化吸收能力是非常强的，但是由于自身条件以及外部环境等限制，使企业的自我判断能力很差。企业很可能引进和利用尽可能高端的先进技术与生产办法，但也很容易照搬和简单重复模仿正在过时的国外的技术或生产办法。

最后，当企业经过一段时间的发展，能够获得生存所需要的资金，并能实现一定的发展之后，企业便进入了高速成长期。对于中小高新技术企业而言，企业进入高速成长期的总体特征是企业实力得到了增强。企业拥有的核心技术产品已经开始商业化，并逐步成为企业发展的主导产品。从管理角度讲，企业的治理结构比较完善，企业正在完成由企业家向职业经理人的转变，公司的规章制度不断完善，已经按照企业成长战略形成了相应的组织结构。从技术层面讲，处于高速成长期的中小高新技术企业的技术学习水平得到了很大的提高，创新动力和创新效率增强，而且企业进入了创新效率高、技术学习能力不断提升的新阶段，大多数中小高新技术企业经过这个时期的成功发展，便能成为中大型高新技术企业。从财务角度而言，企业自身已经拥有了较强的投融资能力，能通过创业板或者其他途径获得更大的资本市场的认可。

这一时期，对于中小高新技术企业而言，既有质的成长同时又有量的成长。所谓企业"量的成长"指的是企业生产过程的专业化和批量化、组织结构的多样化、市场结构的国际化；所谓企业"质的成长"指的是企业生产过程中由于技术学习效率和创新效率的提高而导致的企业经营业绩的提高、产品性能的优化和企业形象的改善等。① 本书将结合企业生命周期的阶段划分以及组织维度和系统维度的研究，并加入我国中小高新技术企业成长阶段的主要影响因素以及技术学习的问题等作为研究方向，期望对我国中小高新技术企业成长过程中技术学习战略选择有所帮助。

第四节 企业技术学习文献综述

信息化和全球化时代，知识产权已经成为衡量各国经济实力和企业整体实力的关键变量，知识产权背后所凝聚的专业技术更成为国家和企业获得竞争优势的核心。对于企业而言，技术学习是其获得技术知识，从而形成先进技术能力的重要实现过程，同时也是企业针对特定技术而形成的一种持续和反复的组织战略行为。在赶超背景下，后发企业通过技术学习获得先进技术的组织能力成为企业实现竞争优势的重要战略行为，这种战略与企业技术链

---

① 谢科苑：《企业生存风险》，经济管理出版社 2001 年版，第 147-148 页。

接、杠杆等共同促使后发企业完成对先发优势企业的赶超。

目前对企业技术学习的研究视角主要集中在三个方面：首先是企业边界问题，在全球化背景下，随着经济活动、知识和信息、信仰、理念和价值观的跨国界交流障碍的日益消除，企业边界也在发生变化；其次是企业行为问题，全球化背景下，占主导地位的全球行动者，包括厂商、团体等追求政治、宗教霸权的野心勃勃的行为有着自己的特殊性；最后是技术进步与全球化的因果关系，全球化既是技术进步的结果，同时又促进了技术知识的转移和溢出。本节主要在对后发企业技术学习相关文献梳理的基础之上，对后发企业技术学习模式、企业组织内部的技术学习、企业战略理论以及战略等方面进行介绍。

一、后发企业技术学习模式研究

技术学习模式是个比较模糊的概念，国外很多学者都对此进行了研究（Linsu Kim and James M.，1983；Michael Hobday，1995；Gil et al.，2003；Putranto et al.，2003）。其中，Linsu 和 James（1983）认为，后发企业技术学习模式是一种与优势企业逆向的发展路径，后者经历了流动、转化和专业化三个阶段；前者则是获取、消化吸收和改进三个阶段。Michael Hobday（1995）通过对日本的研究，从市场阶段和技术阶段两个维度，将其分为五个发展阶段（见表2-2）。Gil 等（2003）从技术内部化角度出发，以韩国三星技术学习为案例，将技术学习分为两个发展阶段：第一阶段是工艺技术以及产品和工艺的设计技术的掌握，这依赖于获得的技术水平，这个阶段被称为外围技术内部化（Peripheral Technology Internalization）。第二阶段是研发与创新技术的获得，企业通过研发能力的积累可以实现，这个阶段被称为核心技术内部化（Core Technology Internalization）。①② Putranto 等（2003）以印度尼西亚为例，基于技术转移，将技术学习分为准备阶段、生产阶段、运作阶段、评价阶段。这四个阶段以需求为导向，以结果为衡量标准，构成了一个循环的技术学习过程。

表 2-2　Hobday 的技术学习模式

	市场阶段	技术阶段
1	被动的进口商拉动 廉价的劳动力装配 产品销售依赖于购买商	装配技能 基本生产能力
2	质量和成本为基础 对国外购买者的依赖	面向质量和速度 产品的反求生产
3	高级产品销售 市场部门建立 市场化自己设计的产品	全面生产能力 工艺创新 产品设计能力
4	产品促销 直接销售给海外的零售商 完善产品系列 开始自有品牌销售	面向产品和工艺的研究和开发 产品创新能力
5	自有品牌促销 直接面向顾客销售 不依赖海外分销商 内部的市场研究能力	竞争性的研发能力 研发与市场需求相结合 先进产品和工艺创新

资料来源：Hobday（1995b）。

国内学者也对其进行了大量研究，但侧重点有所不同。主要从技术学习的过程（安同良，2002；彭灿，2002；林山等，2004）、技术及其知识的来

---

①　Y. Gil, S. Bong, J. Lee, "Integration Model of Technology Internalization Modes and Learning Strategy: Globally Late Starter Samsung's Successful Practices in South Korea", *Technovation*, 2003, Vol. 23.

②　朱朝晖：《发展中国家技术学习模式研究：文献综述》，《科学学与科学技术管理》2007 年第 1 期，第 78-82 页。

源（王伟强等，1993）、技术能力的提高和演化（谢伟，1999）、技术能力提高的不同阶段（陈劲，1994；吴晓波，1995；赵晓庆，2001）等方面进行研究。Chen 和 Qu（2002）针对国外学者传统的阶段论，认为传统的技术学习阶段论已经不适合目前的技术阶段，提出了全球化技术下的技术学习模式，融合三层技术学习，并将多重的学习内容、学习来源、学习主体和学习方式纳入其中。

在赶超背景下，企业技术学习模式呈现出自己的特殊性。Tatyana（2006）总结了赶超国家中技术学习的六种模式：被动的外国直接投资模式（Passive FDI-dependent）、主动的外国直接投资模式（Active FDI-dependent）、独立模式（Autonomous）、单独创造模式（Creative-isolated）、合作学习创造模式（Creative-cooperative Learning）、传统的缓慢学习模式（Traditionalist Slow Learning），并指出不同的模式组合不仅依赖于独特的技术能力，还依赖于由于政府政策选择以及所处国际环境而造成的技术学习机会的不同。在对 Linsu 和 James（1983）提出后发国家技术学习的逆向学习理论研究基础上，吴桂生等（2007）对中国光缆产业进行考察后发现，是企业的学习成本决定了技术学习的路径以及技术学习模式，从而导致光缆产业的逆向技术学习而不是正向技术学习。谢伟（1999，2008）以技术能力为研究对象，通过对家电等行业的研究，认为发展中国家的企业应该遵循"技术引进—生产能力—创新能力"模式。

赶超背景下企业技术学习模式的背后其实是后发企业进行技术学习模式和路径的选择过程。后发国家是选择低成本的模仿创新还是选择较高成本的自主创新，或者选择其他技术学习模式，不仅由后发企业自身的吸收能力决定，同时要考虑与优势企业技术之间的差距，也是决定技术学习路径选择的重要因素。当与先进技术差距较大时，后发国家和企业的最优选择是模仿发达国家和现行技术，而后进行创新，从而实现向发达国家的收敛（Acemoglu et al.，2006）。

杨莹等（2010）指出，技术学习和技术能力增长实现持续互动，会推动后发企业竞争优势动态提升。基于平台渐进发展和平台跃进的互动模式，通过持续循环可以实现后发企业持续发展。黄建康等（2012）指出培育企业技术创新能力至关重要，必须主动融入跨国公司主导的全球知识创新网络，学习新知识、新技术，培育自身的技术创新后发能力。彭辉锐（2013）认为，技术学习是后发企业技术能力提升的根本途径，后发企业应当提高技术创新能力，从而提高自身的市场竞争力。魏江等（2016）指出，后发企业实现技术追赶是一个传统而又富于挑战的命题，特定的组织学习方式是企业发展的关键因素。他们提出了"制度型市场"概念，认为后发国家要跳出传统市场换技术思路，创造制度型市场来提供产业技术追赶契机。企业通过对内向学习和外向学习组合，提高市场竞争力。李先科等（2019）认为，双元学习能力是企业创新成长的关键，对于市场和技术双重落后的后发企业，组织学习制度需要在探索性学习和利用性学习之间进行权衡。一是嵌入创新网络，寻找合适的合作伙伴；二是选择外部化学习方向，通过构建复合动态双元平衡，充分发挥企业资源的学习效率，提高创新成长能力。杨燕（2020）认为，后发企业的技术学习追赶行为包括策略制定、路径选择和研发努力等，其具体行为选择受到内部、外部环境及偶发事件影响。政府应为企业创造良好的市场环境，引领技术进步，加强共性关键技术的突破和供给，建立和完善有效的体制机制。

二、企业组织内部的技术学习研究

企业是技术学习和技术创新的主体，企业层面的技术学习过程其实是个人和组织知识相互作用、螺旋式发展的一个过程（Linsu Kim，1997）。波兰尼（1958）提出了知识的缄默性和个人性。知识的缄默性表明知识在一定程度上是不可言传的，从这个意义上讲，知识是具有个人性的。

波兰尼（1958）将知识分为两种：一种是可以表述的知识，即以书面文字、图表和数学公式加以表述的，可以用规范化和系统化的语言进行传播，又称为可文本化的知识。另一种是未能表述的知识，也就是做某事的行动中所拥有的知识，包括信仰、隐喻、直觉、思维模式和所谓的"诀窍"（见表2-3）。[①]

表 2-3　显性知识与隐性知识的比较

	隐性知识	显性知识
定义	存在于人脑中的隐性的、非结构化的、不可编码的知识，是关于个人的思想、经验等知识	可以用某种符号系统（语言、文字、数学编号、计算机语言等）来表达的知识
性质	个人的、特定的隐含结构	可编辑、可表述的
形式	非结构化、难以记录、难以编码、难以用语言表达	结构化，可以用语言、文字进行口头或书面表达
存在地点	存在于人的大脑、心灵深处	不仅存在于大脑之中，还广泛存在于文件、数据库、书籍中等
表现形式列举	开车、游泳等技能	我们可以很容易地背诵一首诗歌

资料来源：笔者整理。

---

① 但波兰尼提出的个人知识并不是与企业组织知识相对应的，而是与"客观知识"相对应。波兰尼认为传统的知识观是以主客观相分离为基础的，追求的是把这些热情的、个人的、人性的成分从知识中清除。波兰尼则认为知识的获得也需要科学家的热情参与，要依赖科学家的技能和个人判断。知识人对整体和细节的关注或警觉性深度相同，但不同人关注的方式却不一样，在这些行为中，如果行为人把自己的注意力转移到细节上来，他们的动作就会发生混乱，从这个意义上讲，这些细节可以被视为逻辑上是不可言传的。但波兰尼不认为知识是主观的，知识是客观性与个人性的结合。知识的某些启发性前兆（Intimations）与现实的联系就是知识的客观性，而这种客观性与个人性的结合就是波兰尼所讲的个人知识。波兰尼把知识的能动性与接收其为现实的标志这两者的结合看成一切个人知识行为的显著特征。

野中郁次郎等（1991）在波兰尼隐性知识和显性知识分类的基础之上，结合日本企业管理文化的特点，对知识创造和知识管理提出了一个新的认识。野中郁次郎提出在企业创新活动的过程中隐性知识和显性知识是互相作用、互相转化的，知识转化的过程实际上就是知识创造的过程。野中郁次郎和竹内弘高通过"SECI、ba、知识资产"三个维度刻画了知识创造的流程。知识转化有四种基本模式——社会化（Socialization）、外在化（Externalization）、组合化（Combination）和内隐化（Internalization），这四种模式之间螺旋式上升的每一阶段都有一个"ba"的存在。与四种模式相对应的"ba"分别是"创始ba、对话ba、系统化ba、练习ba"。此外，为了有效地管理企业的知识创造活动，企业必须认清其知识资产的库存情况，知识的动态性决定了新的知识资产将源源不断地从现有资产中被创造出来。SECT、ba和知识资产三部分处在有机的、动态的互为作用之中。组织的知识资产在ba之间被组织成员分享；同时，组织成员的个人隐性知识也在ba之间通过SECI被传递和放大（见表2-4）。

在企业内部技术学习中，企业的吸收能力是组织创新能力的关键（Cohen and Levinthal，1990；Linsu Kim，1997）。Cohen和Levinthal（1990）认为，吸收能力（Absorptive Capacity）指的是企业先验知识对企业新信息价值的识别、吸收（Assimilate）和应用的能力综合。Linsu Kim（1997）指出，企业吸收能力是企业先验知识和企业学习程度的函数，即吸收能力＝f（先验知识，学习程度）。其中，先验知识与教育因素有关，而学习程度则与社会文化因素有关；同时，外部施加的危机以及企业高管制造的危机又对企业的组织学习程度起到了促进作用。在企业的组织学习过程中，企业战略目的、自治程度、冗余度、多元化经营以及企业的领导力五种因素对企业学习的方向起到了重要影响作用。

表 2-4　野中郁次郎的 SECI 模型

	隐性知识	隐性知识	↓
隐性知识	社会化 【创始 ba】 ｛经验知识资产｝	外在化 【对话 ba】 ｛概念性知识｝	显性知识
隐性知识	内隐化 【练习 ba】 ｛常规知识资产｝	组合化 【系统 ba】 ｛系统知识资产｝	显性知识
↑	显性知识	显性知识	←

资料来源：笔者根据 SECI 模型（野中郁次郎和竹内弘高）整理。

　　企业获得吸收能力的途径是多种多样的。研究表明，实行自主研发的企业能更有效地使用外部信息（Tilton，1971；Allen，1977），这似乎意味着企业吸收能力是企业研发投资的副产品（Cohen and Levinthal，1990）。此外，也有些学者认为，企业吸收能力是企业制造运营的副产品。Abernathy（1978）和 Rosenberg（1982）认为，通过制造业领域的投资，企业也可以更好地识别和开发与特定产品市场相关的新信息。为了更好地发展企业吸收能力，Cohen 和 Levinthal（1990）通过学习的认知结构，将企业吸收能力分为个人吸收能力和组织吸收能力。其中，组织吸收能力建立在对个人吸收能力的持续投资基础之上，并且依赖于外部环境与组织之间的交流、组织中不同亚部门之间的沟通、组织内部专业知识的特征和分布。Linsu Kim（1997）通过对韩国汽车工业、电子工业、半导体工业以及中小企业的技术创新研究，认为组织与外部环境之间的交流主要是政府通过公共政策和科学技术政策促进技术在国内层面的传播，同时通过施加危机促使企业吸收能力的提升；组织中不同亚部门之间的沟通指的是企业不同组织部门之间进行的合作和竞争关系；组织内部专业知识的特征和分布主要指的是不同行业所需要专业技术的特点。企业在现有知识的基础上，通过努力学习，积极消化吸收先进技术，使企业呈现显性知识和隐性知识相互转化、个人吸收能力和组织吸收能力相互转化的一种螺旋式上升局面。

茅宁莹和路德维克·阿尔科塔（2006）总结了企业层面技术学习过程至少整合了三个维度的学习活动：首先是个人学习和组织学习的相互转化（Nonaka and Takeuchi，1995；Dutrenit，2000）；其次是技术学习过程中隐性知识与显性知识的相互转化（Polanyi，1996；Kim，1999；Spender，1995）；最后是企业组织内部知识的获取和外部知识的获取（Bierly and Chakrabarti，1996）。

当企业所处的外部环境尤其是技术环境发生变化时，企业技术学习的过程也会发生相应变化。Powell 等（1996）通过对生物技术产业的研究发现，当一个产业的技术基础具备复杂、扩张性（Expanding）以及知识来源广泛分散等特征时，企业的技术学习过程实际上已经转化为整个网络的技术学习过程。这种技术学习的过程也就是企业间通过合作创造新的技术学习边界的过程（Powell，1998）。

在全球化背景下，后发企业面临着与新的制度或网络链接的新机会。最为典型的是全球价值链。通过这种链接，后发企业不仅可以运用这种价值链将其作为企业收入的一种来源，更可以通过与先进企业的链接获得超出企业自身资源之外的知识、技术以及市场。Mathews（2007）认为，正是这种能力使企业从联系中获得比企业自身投入更多的保护，这就是杠杆。而且，这种联系和杠杆作用可以持续复制或发生，直到该企业或该组企业成为先进企业和组织。这种持续的和反复的战略行为被描述为产业学习（Industrial Learning）。因此，赶超背景下，后发企业内部层面的技术学可以看作企业通过链接、杠杆和学习等的一种战略过程。这个过程包括链接、杠杆和学习等机会可以被识别、利用以及实施的集合企业家身份的过程。

董芹芹等（2009）通过构建两阶段博弈模型，阐释了企业在技术学习过程中，技术学习对象和技术学习主体之间的互动关系。他们认为博弈双方的策略组合（创新、模仿）不仅是技术领先企业和技术落后企业之间博弈的纳什均衡解，也是社会效用的帕累托最优解。陈国绪等（2012）指出，代工生产是后进企业参与全球价值链分工体系，进入国际市场的一个重要途径。代工企业的学习意图、学习能力、合作能力与内部学习环境是影响知识获取、知识分享及知识整合创新的关键因素，影响着企业技术学习的成效。李奋生等（2015）指出，在企业技术学习过程中，有效的政府行为可以促进企业技术学习。在内部措施上，政府应该为企业技术学习创造良好环境，提供资金支持，制定产业技术发展战略，参与企业技术学习过程；在外部战略上，政府应积极引进国际高端技术人才，派遣技术人员出国培训，加强国际合作和扩大技术学习机会。张娜娜等（2017）认为，在经济增长和技术进步的研究领域中，技术学习与创新至关重要，管理学习与创新是另一个促进经济增长和技术进步的因子。管理学习与创新对技术进步具有重要作用，其作用机制包括效率导向、成本导向和技术机会导向三种。卢昕等（2019）认为，隐性知识获取水平、组织学习对企业核心竞争力具有重要作用，认知类与技能类隐性知识获取对组织学习具有正向影响，对提高企业核心竞争力至关重要。杨建君等（2020）指出，改革创新对企业高质量发展至关重要，关系学习可以提高企业突变式创新绩效，信息共享对市场知识转移具有正向影响作用。企业在技术环境不确定性时，通过与合作伙伴信息共享，建立特定关系，获取市场知识，提高突变创新绩效。李秀萍等（2021）认为，随着信息技术的发展，数字经济、人工智能影响着企业竞争模式、运营方式，大数据、云计算和人工智能等新技术的发展和普及，为解决企业传统财务问题提供了新路径和新方案。

三、企业战略理论以及战略联盟研究

企业成长离不开主导战略的制定和实施。关于企业战略理论的研究主要有以 Prahalad 和 Hamel 为代表的资源能力学派和以 Porter 为代表的环境学派。

资源能力学派认为企业战略优势是建立在而且应该建立在企业所拥有的一系列特殊资源以及资源的使用方式上。企业的资源和能力是企业竞争优势的主要来源，企业的战略更加依赖于企业有别于其他竞争对手的核心能力。[①] 核心能力的理论有其一定的局限性，该理论只解释了核心能力是企业长期竞争优势资源（企业能力差异决定战略的差异进而决定了企业竞争力的差异），并未给出识别核心能力的方法。由于能力自身的特征决定了企业能力具有强烈的惯性，在动态复杂的环境中，企业的特殊能力（Selznick，1957）或者核心能力（C. K. Prahalad and Gary Hamel，1990）都很难保证企业获得持久的竞争优势。[②]

以 Porter 为代表的环境学派从匹配（Match）、一致性（Fit）的角度，研究了企业战略的竞争优势，并通过构建价值链分析方法，分析了企业如何通过有效的战略活动来实现竞争优势。[③] Porter（1996）认为，战略是企业的一种独特的、有利的定位，这种定位涉及对企业不同运营运动的取舍。企业战略定位有三个不同的原点：基于组合的定位（Variety-based Positioning）、基

---

① Porter（1996）认为，企业通过有效的战略活动可以实现企业的竞争优势；资源管理学派则认为这种竞争优势的来源是企业战略有效实施的基础。

② 王济平：《企业战略：基于集体约束下的模糊选择》，《现代会计与审计》2008 年第 10 期，第 56—59 页。

③ 在企业战略实施过程中，战略匹配是创造企业竞争优势的核心要素。通过战略匹配，企业可以建立一个环环相扣、紧密连接的链，并将模仿者拒之门外。匹配可以分为三个层面：第一层面的配称是保持各运营活动或各职能部门与总体战略之间的简单一致性。第二层面的配称是各项活动之间的相互加强。第三层面的配称已经超越了各项活动之间的相互加强，也就是"投入最优化"（Optimization of Effort）。

于需求的定位（Needs－based Positioning）、基于通路的定位（Access－based Positioning）。这种定位不仅决定公司应该开展哪些运营活动、如何设计各项活动，而且还决定各项活动之间如何关联。Porter 认为，很多企业忽视了运营效益（Operational Effectiveness）和战略的差别。虽然二者都是企业实现卓越绩效的关键因素，但是运营效益更加关注运营活动的有效性，战略定位则意味着企业的运营活动有别于竞争对手，或者虽然类似，但是其实施方式有别于竞争对手。在 Porter 看来，运营效益无法替代战略，运营效益代替战略的最终结果必然是零和竞争（Zero－sum Competition）、一成不变或不断下跌的价格，以及不断上升的成本压力。

在全球化背景下，技术的复杂性、全球价值链的治理格局以及经济租的原因（顾秀林，2008），使技术学习和技术创新的前沿已经不再是单个企业，而是企业的战略联盟。Kang 和 Sakai（2000）通过分析 1989～1999 年全球战略联盟的企业数量以及类型，发现这十年间出现的国内企业或者国际企业战略中，有 17% 的战略联盟是用于技术研发的。而且，随着欧盟和美国对企业间水平联盟限制的进一步接触，这种联盟的数量还将进一步增加（Thomas A. Hemphill，2003）。

战略联盟为公司提供了除传统发展和购买以外的第三种方式来发展企业核心技术。战略联盟的特点决定了联盟各方处于一种竞合状态，为了维护和争夺企业在联盟中的地位，联盟各方都会尽力地进行技术创新和二次研发；同时，联盟内还可以利用资源共享的优势，提高企业新技术创新成功的概率，不断地创造出新技术的附加价值和延伸价值，维持新技术以及联盟在市场上的领先地位。而在纵向联盟中，企业可以互补核心能力，利用协调效应来强化双方企业的竞争优势。不同行业的企业之间建立的联盟关系还可能促进企业之间核心能力的融合，使企业形成新技能，向多元化方向发展。动态复杂的外部环境使技术领域存在着较高的不确定性风险，一旦企业没有把握住机遇，则很可能被市场所淘汰；同时，对新技术投入可能带来很高的沉没成本和退出障碍。战略联盟通过资源共享和风险共担降低了企业新技术投资的沉没成本，提高了企业对市场不确定性反应的速度和灵活性。企业的核心技能更多的是建立在企业拥有的经验型知识基础上的，这种经验型知识存在于组织程序与文化中，很难通过简单的合同实现传递，其转移是一个复杂的学习过程，因此组织学习的过程也是知识资源转移的过程。企业若要不断适应动态的环境就要不断地学习。战略联盟的重要性和意义在于企业作为一个学习型组织可以通过内部的干中学，以及联盟的相互作用中学习不断提高进而达到增强企业的创新能力。①

　　但是，技术研发的复杂性以及联盟自身的不稳定性导致了技术学习研发过程中联盟的高失败率。在企业层面，传统理论认为互惠依赖、相互适应、适应能力决定了技术联盟成功与否。在此基础之上，Sivadas 和 F. Robert Dwyer（2000）从组织理论和战略管理理论出发，从信任、交流、协作三个方面提出了合作能力，将其作为组织变量与新产品开发成功的中间变量。并通过对半导体行业和医院行业的调查，认为：①无论是内部联盟还是外部联盟，新产品开发成功都与合作能力密切相关；②尽管内部联盟的合作能力明显高于外部联盟，但是治理结构（内部联盟/外部联盟）不影响合作能力对新产品开发成功的作用；③基于价值观的柔性管理体制和基于规则的规范化管理体制相结合可以提升合作能力；④成员类型（竞争者/非竞争者）对合作能力的影响不显著；⑤成员间的相互依赖关系对合作能力有很强的影响作用；⑥创新类型（激进/渐进）对合作能力无直接影响；⑦制度支持的两个因素

---

① 杨小科：《战略联盟对我国电信运营企业核心能力的影响》，中国社会科学院研究生院硕士学位论文，2007 年。

当中，契约规定资源投入的明确性可以显著提升合作能力，而来自高层领导的支持对医院的合作能力有强大的支持作用，但对半导体行业影响不显著；⑧资源互补性对新产品开发成功的影响只在半导体行业具有统计意义上的显著性；⑨绝大部分自变量对新产品开发成功无直接影响，而是通过合作能力这一中间变量间接产生影响。

朱宇等（2009）指出，在行业竞争强度和溢出条件一定的情况下，企业学习能力较低时会选择横向技术联盟模式，与同行企业合作；学习能力较强时则倾向于选择纵向技术联盟模式，与上下游关联企业合作。丁见等（2011）指出，战略联盟是企业获取竞争优势的工具，企业在建立战略联盟之初需要选择战略联盟组织结构，适当的组织结构有利于战略联盟的运行和管理。潘思谕（2013）从价值创造与分配的角度，提出了我国企业国际战略联盟的提高策略，就是提高中国企业国际战略联盟价值创造的效率与效果，以及价值分配的科学、公平与合理性。焦俊（2017）认为，新知识是创新的必要条件，中小企业应该采用开放型创新方式，通过战略联盟中的知识共享提升创新能力，实现合作创新。吴言波等（2019）认为，战略联盟知识异质性与焦点企业突破性创新之间呈倒 U 形关系，知识搜索强度、网络惯例都正向调节战略联盟知识异质性与焦点企业突破性创新之间的关系。朱永明等（2020）指出，随着相对探索比例的提高，产业技术创新战略联盟的稳定性越高；随着企业知识产权系数、协同收益系数及联盟企业模仿成本的增加，有效抑制联盟企业间的竞争。联盟企业增加探索性合作比例，降低交易性合作比例及提高自身持有技术的专有程度，增加了企业自身发起竞争的概率。张晓飞等（2021）以城乡绿色发展战略与企业协同发展趋势为背景，研究了环保企业的协同战略模式。他们认为，环保企业根据自身发展定位，可以选择不同类型协同战略，主要包括共识企业集群、互补契约联盟、资本纽带联盟、企业赋能平台、互联生态平台五种模式，不同模式下的企业协同系统可以在序参量作用下实现组织演化。

第五节　本章结论

根据前文讨论，本书将运用企业成长的特征因素，来描述中小高新技术企业生命周期各阶段的现象和特征。本书以陈佳贵（1995）提出的企业成长生命周期六阶段为划分基础，结合多数学者的研究，参考郑仁伟（1995）总结的企业生命周期阶段指标模型，选取企业规模、年龄、成长率、结构特性四种变量作为企业生命周期阶段划分的主要研究变量。

本书运用企业成长特征因素作为生命周期阶段的划分，可以避免描述特征时的偏见和不相关观念的混淆，也能同时运用企业生命周期阶段分析法和成长因素分析法的优点。陈佳贵教授的六阶段分析法在一定程度上融合了国内外相关研究的阶段划分，不过度简化，也不易混淆，同时也较符合中国企业的特征描述。同时，各成长因素和企业成长阶段之间的关系也将运用非参数统计方法加以印证，确定其关联性的强度，避免观察性描述的失误。

本书通过刻画企业技术学习的背景、技术学习的目的、技术学习中组织知识和个人知识的相互转化，对赶超背景下后发企业技术学习战略选择提供了理论分析依据。对于我国中小高新技术企业而言，大多数企业的技术学习属于后发企业的技术学习，也就是说，企业技术学习是在一种赶超背景下进行的。对于技术学习的目的，本书认为企业技术学习的目的是获得技术学习能力，从而实现企业的自主创新，最终实现企业的成长与发展。

第三章　中小企业在高新技术
产业中的地位和作用

第一节　中国高新技术产业的现状

我国高新技术企业的发展，对促进科技与经济的结合、推动新兴产业发展、实现经济增长起到了重要作用。高新技术企业正在成为推动中国经济社会持续快速健康发展的最具创新优势的骨干力量。中国高技术产业的工业总产值从 2000 年的 14757.9 亿元增加到 2020 年的 367111.6 亿元；上缴税额从 2000 年的 904.5 亿元增加到 2020 年的 18395.3 亿元。① 近年来，高新技术产业增加值增速始终高于规模以上工业平均增速，并且高新技术产业增加值占比从 2015 年的 11.8%增加至 2019 年的 14.4%。② 2019 年，169 家国家高新区园区生产总值达到 12.1 万亿元，占国内生产总值比重达 12.3%。其中 53 家

---

① 《2020 年全国高新技术企业主要经济指标》，科学技术部网站，http：//www. innofund. gov. cn/kjfw/tjsj/202201/d4aebcba25b7447ca6f957b0c763e5af. shtml。

② 张航燕、史丹：《2019 年中国工业经济运行分析及 2020 年展望》，《当代财经》2020 年第 5 期。

国家高新区园区生产总值占所在城市 GDP 比重超过 20%。国家高新区的规模经济总量已经成为国民经济增长和地方区域经济发展的强有力支撑。

中国高新技术企业已成为增强我国企业自主创新能力的生力军，建设创新型国家的先锋队。2000~2020 年，我国高新技术企业数量已从 20867 家上升到 269896 家，高新技术企业从业人员总数从 442.3 万人增加到 3858.8 万人，从事科技活动（S&T Activities）的人员从 26 万人增加到接近 916 万人（见表 3-1），其中研发活动（R&D Activities）人员接近 500 万人。2020 年，高新技术企业科技活动经费内部支出达到 2.76 万亿元，其中研究开发经费支出 1.33 万亿元，占全社会研究开发经费支出的 54.6%；高新技术企业实现营业总收入 520845.0 亿元；完成工业增加值 42974 亿元，占全国工业企业增加值的 15.1%；实现利润 35149.5 亿元；上缴税额 18395.3 亿元；出口创汇 7919.2 亿美元。①

表 3-1　中国高技术产业主要经济指标（2000~2020 年）

主要经济指标 \ 年份	2000	2005	2010	2015	2016	2017	2018	2019	2020
入统企业数（家）	20867	43249	31858	76141	100012	130632	172262	218544	269896
从业人员年均人数（万人）	442.3	1016.1	1313.6	2045.2	2360.7	2735.5	3131.6	3437.0	3858.8
营业收入（亿元）	15648.7	59714.1	129505.2	222234.1	261093.9	318374.1	389203.7	450957.7	520845.0
工业总产值（亿元）	14757.9	55780.8	119022.0	189757.5	212268.8	243898.0	288706.3	324137.4	367111.6

---

① 科技部网站，http：//www.most.gov.cn/zzjg/bld/wg/wgldjh/200804/t20080430_ 61069.htm。

续表

年份 主要 经济指标	2000	2005	2010	2015	2016	2017	2018	2019	2020
净利润 （亿元）	1149.7	3387.5	9806.7	14894.8	18859.7	23217.1	26140.3	27340.7	35149.5
上缴税额 （亿元）	904.5	2901.2	6262.1	11052.1	13159.1	15578.3	18000.8	17988.0	18395.3
出口创汇 （亿美元）	329.2	2050.9	3594.9	4768.7	4694.9	5600.7	6801.4	7114.1	7919.2

资料来源：国家统计局等编《中国高技术产业统计年鉴》（2020年）。

虽然我国高新技术产业的发展较晚，但经过多年的发展，高新技术产业已经成为我国国民经济举足轻重的一部分，已经成为我国外贸出口的主导。我国的高新技术产品出口从 20 世纪 90 年代起呈现出快速增长的势头。2010~2020 年，我国高新技术产业的产品出口额保持了年均12%的高增长率。今后，高新技术产业将是政府长期支持和鼓励发展的重点产业，特别是对于高新技术产业中最富创新的环节和核心技术环节，将成为政策支持的重中之重。

一、中国高新技术产业发展历程

几十年来，我国的高新技术产业经历了从无到有、从小到大的发展过程，高新技术企业的数量和质量都取得了长足进展，对推动科技与经济的结合、促进高新技术产业发展和经济增长起到了极为重要的作用。从我国高新技术产业的发展历程来看，大致可以分为六个阶段：

1. 高新技术产业的起步阶段（1949~1978 年）

这一时期，国家通过重点扶持基础性高新技术产业，在增强国防整体实力的同时，也初步建立了以军用为主的高新技术产业体系。尽管这个时期的高新技术产业基本是为了满足国家国防安全的需要，但在客观上促进了我国高新技术人才的培养。通过编制第一个科学技术发展长远规划《1956—1967年全国科学技术发展规划》，规划重点发展核技术、喷气技术、计算机技术、半导体技术、自动化技术等领域，提出"重点发展、迎头赶上"的方针。为随后我国高新技术产业的快速发展打下了良好的人才基础。

2. 高新技术产业的重新规划阶段（1978~1992 年）

这个阶段是我国对高新技术产业重新认识和重新规划的阶段。1979 年后，我国转向了以经济建设为中心的时期；1986 年 11 月，党中央、国务院批准了《高新技术研究开发计划纲要》（以下简称"863"计划），第一次系统地从整体上规划高新技术的项目、领域、产业和企业的发展，确定了高新技术产业在经济建设中的重要作用。1988 年 8 月，一项名为"火炬"的高新技术发展计划出台，它与"863"计划相互衔接，重点选择七个领域，以市场为导向，逐步走向国际化。"火炬"计划促进了我国高新技术商品化、产业化和国际化进程。在重点发展基础上，1988 年 5 月，国务院确定"以中关村电子一条街"为中心，批准成立北京高新技术产业开发试验区，从而掀起全国建设高新技术开发区的热潮。高新技术开发区以一种区域集中模式汇人聚物，促进了高新技术企业的发展。

3. 高新技术产业的扩大发展阶段（1992~1999 年）

从 1992 年开始，随着市场经济建设进入一个新的阶段，我国的高新技术产业发展也进入一个全新的体质创新和扩大发展时期。这个时期的高新技术产业发生了明显的变化：首先是高新技术企业的经营逐步市场化和规范化，政府的职能定位和角色转换加速了科研院所的成果转化速度和形式。其次是高新技术产业的规模不断扩大。我国高新技术产业已经涵盖了医药制造业、航空航天制造业、电子与通信设备制造业、电子计算机及办公设备制造以及医疗设备等方面，高新技术产业进入了快速发展的轨道。

4. 高新技术产业的全面发展阶段（1999~2007年）

以1999年全国技术创新大会为标志，我国高新技术产业进入了全面发展的新阶段。各级党委和政府以"三个代表"重要思想为指导，积极采取措施贯彻落实《中共中央、国务院关于加强技术创新，发展高科技，实现产业化的决定》（以下简称《决定》）及其相关配套政策，初步形成了全社会关心、重视和支持高新技术产业发展的环境。高新技术产业化的政策体系已经初步形成，[1] 广大科技人员的创业热情日益高涨，科技企业孵化器发展迅速，[2] 社会民间资本开始更多地关注和支持高新技术企业。[3]

5. 高新技术产业的自主创新阶段（2007~2014年）

2008年，科技部、财政部和国家税务总局颁布了《高新技术企业认定管理办法》和《高新技术企业认定管理工作指引》，通过税收等政策促进了高新技术企业对自主创新的开发，标志着高新技术产业进入了自主创新的阶段。通过重新界定高新技术企业，更加注重企业的科技成果转化能力和自主知识产权的拥有等指标。

经过半个多世纪的发展，我国高新技术产业的规模迅速扩大，正成为拉

---

[1] 国务院相关部门围绕贯彻落实中央《决定》出台的配套政策超过40个，各地方党委和政府按照中央《决定》精神，结合自身特点，都制定了各具特色、具有较强可操作性的政策措施和办法。中央和地方出台的一系列政策措施，几乎覆盖了技术创新和成果转化的全过程，初步构建了有利于高新技术产业发展的政策体系。

[2] 全国规模较大的孵化器已达400多个，拥有孵化场地数百万平方米，孵化企业能力上万家，孵化器数量仅次于美国，居世界第二。

[3] 中央政府和地方政府已经成立了专门的支持高新技术企业发展的专项资金。继国务院批准设立科技型中小企业技术创新基金后，上海、北京、山东、江苏等许多地方也都相继建立了扶持中小型科技企业发展的专项资金。随着2019年7月创业板市场的正式启动，截至2021年7月，已经有313家中小高新技术企业成功在A股上市，总市值超过4.95万亿元，日均成交金额达200多亿元。此外，民间风险投资市场迅速发育，涌现出一大批科技风险投资公司和投资基金，资金总额估计超过百亿元。

动国民经济健康发展的重要力量；高新技术产业在国民经济中的比例显著提高，极大促进了我国经济结构的调整；高新技术产业的不断壮大和高新技术产业集群的不断发展，一方面培育了大量的充满活力的民营中小科技企业，另一方面也培育了一批知名的高新技术大企业，从而提高了我国产品的国际市场竞争力。

6. 高新技术产业以知识产权保护为核心的创新驱动阶段（2015年至今）

2015年是我国知识产权事业取得重大进展的一年。当年，"深入实施知识产权战略行动计划"被写入《政府工作报告》，"知识产权"在党中央、国务院各项重大政策中频现，成为年度热词，国家知识产权战略实施更加深入地融入了中国经济和社会发展之中。2015年12月，《国务院关于新形势下加快知识产权强国建设的若干意见》中更明确指出，深入实施国家知识产权战略，深化知识产权重点领域改革，实行更加严格的知识产权保护，促进新技术、新产业、新业态蓬勃发展，提升产业国际化发展水平，保障和激励"大众创业、万众创新"。同年，国务院《中国制造2025》，其中提出，强化知识产权运用。加强制造业重点领域关键核心技术知识产权储备，构建产业化导向的专利组合和战略布局。鼓励和支持企业运用知识产权参与市场竞争，培育一批具备知识产权综合实力的优势企业，支持组建知识产权联盟，推动市场主体开展知识产权协同运用。

在这些大的背景下，2016年《高新技术企业认定管理办法》出台，与2008年的管理办法相比，更加强调了对知识产权的保护以及创新的驱动。2018年和2019年，国务院分别印发了《深入实施国家知识产权战略加快建设知识产权强国推进计划》，从不同层面深化知识产权领域改革，强化知识产权创造、保护和运用，深化知识产权国际交流合作以及人才培养。2019年，中共中央办公厅、国务院办公厅印发了《关于强化知识产权保护的意见》，进一步完善我国知识产权保护制度，提高我国经济竞争力，牢固树立保护知识产权就是保护创新的理念，使知识产权制度激励创新的基本保障作用得到更加有效发挥。2021 年，中共中央、国务院印发了《知识产权强国建设纲要（2021—2035 年）》，统筹推进知识产权强国建设，全面提升知识产权创造、运用、保护、管理和服务水平，充分发挥知识产权制度在社会主义现代化建设中的重要作用。

具体到中小企业方面，2019 年中共中央办公厅、国务院办公厅印发了《关于促进中小企业健康发展的指导意见》，要求完善创新创业环境，引导中小企业专精特新发展，切实保护知识产权。2020 年，工业和信息化部、国家发展和改革委员会、科学技术部、财政部、国家知识产权局等 17 个部门共同印发《关于健全支持中小企业发展制度的若干意见》，提出完善支持中小企业发展的基础性制度、坚持和完善中小企业财税支持制度、坚持和完善中小企业融资促进制度等 7 方面 25 条具体措施。2021 年 3 月，财政部办公厅、国家知识产权局办公室印发通知，实施专利转化专项计划，利用三年时间，择优奖补促进专利技术转移转化、助力中小企业创新发展。

二、高新技术产业行业特点

高新技术产业指的是高技术和新技术产业，包括一切新技术领域的高新技术产业概念。高新技术产业包括两层含义：高技术指的是技术水平含量高，能反映当时科技较高水平的技术；新技术是与原有旧技术相对应的一个概念，指的是能填补国内空白的技术，但不一定是高技术。①

高新技术产业的两层含义使该产业的行业也具有相应的特点：

---

① 辽宁省科技厅科技统计分析中心：《中国高技术统计现状及面临的主要问题》，http：//www.sts.org.cn/fxyj/ffyj/documents/HT21.HTM。

第一，高新技术产业的界定是不断发展变化的。与高技术产业相比，高新技术产业还包括新技术产业。这些新技术不一定具备高技术含量，也不一定能反映当时的科技水平，但是对于我国企业的发展以及国家自主创新战略而言是非常重要的。当原有产业的企业掌握了这种新技术之后，这种技术就不再是新技术。此外，当原有产业中的企业通过技术学习掌握高端技术后进而向更先进的技术进行学习和探索时，这种技术也不再是高技术。从这个角度而言，高新技术产业的界定是动态的。

第二，高新技术产业是知识密集型和技术密集型的产业。无论是高技术产业还是新技术产业，都需要较高的技术水平和一定的技术组织能力。高新技术产业中的高技术是以现代科学发现为基础的，这种高技术往往对一个国家的国防和经济发展能起到强大的推动作用。而且，高新技术自身的技术特点也能在很大程度上促使我国技术、经济层面的跨越式赶超发展。我国政府及企业对移动通信领域的技术标准、高铁技术标准的态度及支持说明了这一点。对于高新技术产业中的新技术而言，尽管该技术不一定代表该技术领域的高端水平，但是对于进行技术学习的国家或者企业而言，仍然是一种技术含量高、知识密度强的技术，仍然需要相关产业的企业进行技术引进与技术学习，需要更多的科研人员从事技术的研发。

第三，高新技术产业涉及制造业中的较多行业。对于制造业而言，高技术产业涉及制造业中电子通信、航空航天、医药制造和科学仪器四类行业；但是高新技术产业涉及制造业中较多的行业，而且涉及更多的传统行业。

第四，高新技术产业的高投入和高收益性。按现代高科技应用和转化规律推算，产业的基础研究、技术开发、技术产业化三个过程的投入比例大约为 1∶10∶100。① 这表明，高新技术成果市场化、产业化和国际化程度越高，其资本的投入量越大。这种高投入一方面与技术人力等高机会成本相联系；另一方面高新技术产业的技术先导性也使在技术研发和商业化过程中必然伴随着大量的沉淀成本的出现。但是与高投入相对应的是高新技术产业的高收益性。一旦从事高新技术产业的企业获得研发或者商业化成功，其收益会远远高于一般性企业。

第五，高新技术产业的高风险性。高新技术企业的知识密集型、技术密集型以及资金投入需求大等特点决定了高新技术产业的高风险性。这种风险主要分为四种：①技术学习与技术研发风险。高新技术产业的技术含量较高，在技术的引进和学习以及研发过程中充满了更多的不确定性，包括技术稳定的不确定性、技术学习效率的不确定性、技术学习效果的不确定性、技术产业化的不确定性，这些不确定性必然加大了高新技术产业的技术学习研发失败风险。②商业模式风险。高新技术自身的特点决定了高新技术产业在商业模式方面存在着很大的不确定性。如何选择适合高新技术自身以及企业自身的商业模式，是高新技术产业在产品市场化方面面临的重要问题。对于高速成长期的高新技术企业而言，企业商业模式的选择是其面临的最大的问题，因为这涉及产业化和市场化的关键。③资金和财务风险。在高新技术产业的研发和生产以及商业化过程中，伴随着大量的资金投入，这必然增加了高新技术产业的资金和财务风险。④管理风险。技术自身的不成熟以及高科技等特点使在高新技术产业的成长过程中，必然会遇到技术管理、组织结构、管理体制、战略决策等影响高新技术产业中企业正常运营的一些内部或者外部的因素，不利于高新技术产业的成长。

---

① 朱崇实：《一流大学与科技产业化》，《国家教育行政学院学报》2005 年第 6 期，转载人民网：http://edu. people. com. cn/GB/145827/146340/146341/146345/9202162. html。

三、高新技术产业地区分布特点

我国高新技术产业呈现出规模集聚化、地区分布不均衡等明显特点：

第一，我国已经形成了以高新技术产业开发区为主的高新技术产业格局。目前，我国已经拥有 169 个国家高新技术产业开发区，这些开发区以技术创新为动力，集中、带动一批高新技术企业和民营科技企业，在促进高新技术产业发展和提升自主创新能力等方面发挥了引领和示范作用。在高新技术产业开发区，企业的科研人员数量、研发费用比重以及科技成果市场转化率等方面，都处于领先的地位。根据科技部 2021 年的统计结果①，2019 年，169 个国家高新技术产业开发区从事科技活动的人员达到 465.9 万人，占高新区从业人员总数的 21.1%，其中研发人员达到 264.1 万人，占到科技活动人员总数的 56.7%。2019 年，国家高新区的企业研发支出达到 8259 亿元，占全国企业总投入的半壁江山。

在创新产出方面，国家高新区正逐步成为全国专利产出的高地。2019 年，企业共拥有发明专利 85.8 万件，拥有境内发明专利 74.0 万件，占全国发明专利拥有量的 38.4%。2019 年，169 家国家高新区园区生产总值达到 12.1 万亿元，占国内生产总值比重达 12.3%。其中 53 家国家高新区的园区生产总值占所在城市 GDP 比重超过 20%。国家高新区的规模经济总量已经成为国民经济增长、地方区域经济发展和高新技术产业的强有力支撑。②

第二，高新技术产业集聚化和不均衡性依然明显。21 世纪以来，中国高新技术企业保持较稳定的多核心的空间结构，高新技术企业数量的空间布局

---

① 科学技术部：《2020 年全国高新技术企业主要经济指标》，http：//www.innofund.gov.cn/kjfw/tjsj/202201/d4aebcba25b7447ca6f957b0c763e5af.shtml。

② 科学技术部：《2019 年国家高新区创新发展统计分析》，http：//www.most.gov.cn/xxgk/xinxifenlei/fdzdgknr/kjtjbg/kjtj2021/202106/t20210630_ 175559.html。

变化不大，总体呈现出以珠江三角洲地区、长江三角洲地区、京津冀地区为主要核心，长江中上游地区为次集聚核心的多核心分布模式，高新技术企业大都集聚于区域性中心地区。区域重心常年位于大地水准原点的东南方，虽然有自东南向西北平稳移动的趋势，但变化不大。①

同样，我国高新技术产业也形成"三极"，产业规模化和集聚化效应明显。目前，我国已经形成了珠江三角洲、长江三角洲和环渤海地区三个主要的高新技术产业密集区。2020年，这三个区域高新技术产业的集中度超过了80%，而且这三个区域的优势并没有得到减弱，反而有进一步增强的趋势。从地区分布来看，东部地区仍然是我国高新技术产业的集聚地，高新技术产业总产值占全国的比重达到80%左右，而且逐年上升；中西部地区的平均比重只有20%，且总体呈现逐年下降的趋势。

第三，高新技术产业多依附于大城市，呈现大分散、小集中的分布特点。高新技术产业在地理位置上多靠近大城市，与中小城市相比，这些大城市一般都具有良好的工业基础、便利的交通以及密集的高素质人力资源等优势。②这些都为高新技术产业的发展提供了强大的技术来源和丰富的人才优势。而且，大城市有较强的经济实力对高新技术产业进行技术研发等方面的资金投入，确保技术成功。此外，大城市人口稠密的特点也使高新技术产业的产品拥有了更为广阔的市场。另外，高新技术产业的聚集也给城市带来诸多好处。相对于传统的产业聚集，高新技术产业聚集知识溢出的扩散速度更快，而知识溢出和扩散形成的创新优势和正的外部性将大大增强③产业的竞争力，进

---

① 肖凡、任建造、伍敏冬、刘天辉、符文颖：《21世纪以来中国高新技术企业的时空分布和影响机制》，《经济地理》2018年第38期。

② 李涛、武增海、赵江洪：《中国高新技术开发区的发展分析》，《统计与信息论坛》2014年第29期。

③ 朱喜安、张秀：《高新技术产业聚集与区域经济增长质量的空间溢出效应研究——基于面板空间杜宾模型的研究》，《经济问题探索》2020年第3期。

而促进区域经济发展。

第四，高新技术产业呈现由低端向高端延伸的趋势。随着高新技术产业的不断发展成熟以及相关企业科研水平的不断提高，我国高新技术产业已经逐步从最开始的低端技术领域开始转向高端技术领域。高新技术产业内部结构不断优化，以生物制药、新材料和先进制造技术、资讯网络科学技术、现代农业科学技术、生态环境保护科学技术以及空间和海洋科学技术等代表的高新技术产业正在国家政策的支持下不断发展壮大，物联网和 5G 等核心产业规模和水平也得到了大幅度提高。高新技术产业已经逐步从过去重视低端技术完成了向高端高新技术的升级。最为明显的变化就是我国高新技术产业的国际化水平明显提升，涌现了一批像华为、大疆、大唐电信集团等具有国际竞争力的企业。

第二节　中小企业在高新技术产业中的
地位和作用

中小企业在高新技术产业中起着不可替代的作用。无论从发达国家的经验还是我国产业的发展历程来看，中小企业在高新技术产业化中的地位和作用都不可低估：

第一，中小企业是高新技术产业创新的重要力量。作为我国创新主体的中小企业，中小企业对高新技术产业化需求的规模和水平在很大程度上决定着我国高新技术产业实现创新发展的进程。中小企业在高新技术产业中的地位和作用并不落后于大型企业；相反，在某些领域，中小企业创新的数量和质量比大企业还要高。

从国外企业发展历程来看，小企业一直是美国高新技术产业技术革新和发明创新的主体。自 20 世纪 60 年代开始，小企业的科技发明成果数量在美国科技发明总量中的比重不断上升，从 20 世纪 60 年代的 50% 增加到 20 世纪 80 年代后的 70% 以上。美国小企业管理局曾经收集 20 世纪对美国和世界有过巨大影响的 65 项发明和创新，发现这些发明和创新基本都经历了类似"个人完成—取得专利—创办小企业—产品生产和销售—成长大企业"的历程。此外，小企业是美国新技术的推广者，战后美国在经济领域中广泛采用的 700 余项重大发明中有 570 项是由中小企业或独立发明家创造的，而且这些小企业的科研投资回收期要比大企业缩短 1/4 左右。

自 20 世纪 80 年代以来，美国中小科技企业逐步取代传统行业的大型上市公司成为技术研发的关键组织，在信息技术扩散方面发挥了关键性作用，构成了美国创新优势的坚实根基。据《研发》杂志（*R&D Magazine*）统计，20 世纪 70 年代，在每年的 100 项重大商用创新突破中有超过 40% 隶属于《财富》500 强企业，但到了 21 世纪，大企业占比则降至 10% 左右，此时大部分奖项则归属于初创企业、大学或与政府实验室合作的项目。如今，美国业已形成了初创中小企业与大型上市公司并存的二元创新体系。随着美国大企业因金融化蜕变而越发放慢研发脚步，中小企业在美国国家创新体系中的角色更加重要。①

在我国，中小企业在高新技术产业的发展中起到了重要作用。据统计，我国发明专利中的 65% 由中小企业获得，80% 的新产品由中小企业创造。我国国家级高新区内拥有自主知识产权的中小企业超过了该区域内企业数量的 80%。在一些新兴产业领域，尤其是国外相关技术引进和学习存在很大困难

---

① 贾根良、李家瑞：《美国中小科技企业创新对我国的启示》，《江西社会科学》2021 年第 41 期。

时，创新动机更强的中小企业往往通过全力以赴的产品开发进入新的市场。科技型中小企业在我国新兴产业领域重大技术的突破方面发挥了重要的作用。比如国外对我国企业高度封锁的动力电池纳米级正极材料、高端电子隔膜、线性功率放大器、蒸发式冷却表压器、首台插电式电动汽车、"LED 科技粉末"等，大都是由科技型中小企业创造发明的。除了填补国内技术上的空白外，高新技术中小企业还在一些领域突破了"卡脖子"难题。在我国面临国外技术封锁的关键阶段，"专精特新"小巨人企业正是突破技术封锁的"利剑"。这些企业大部分是掌握独门绝技的"单打冠军"和"配套专家"，具有专业化、精细化、特色化、新颖化等发展特征。

第二，中小企业是孕育大企业、做大做强企业的摇篮。2019 年，在全国 75.46 万家规模以上工业企业中，开展创新活动的有 30.76 万家，占全部规模以上工业企业的 40% 以上。在 30.76 万家有创新活动的企业中，大型企业占比不到 5%、中型企业占比接近 21%、小微企业占比 74%。[①] 也就是说，超过 19.3 万家企业属于中小企业。[②] 有不少中小企业就是通过技术创新成长为大中型企业，实现了企业的做大做强。从世界产业发展的历程来看，许多外国的大企业包括我国的大企业都是从中小企业做起，凭借其技术创新战略而发展成为世界级的大企业的。比如"Facebook"（2021 年已经改名为 Meta）、"微软"、"松下"、"波音"、"英特尔"、"西门子"等国外企业，以及联想、华为、中兴等国内企业就是靠一步一步的技术创新，由名不见经传的民营小企业发展起来的。事实上，大多数大企业都是从小企业开始，这些小企业凭借自身优势和机遇，经过长期和激烈的市场竞争，经受住了重重考验，才逐

---

① 国家统计局社会科技和文化产业统计司：《全国企业创新调查年鉴 2019》，中国统计出版社 2019 年版。

② 根据科学技术部 2021 年数据，在全国规模以上工业企业中，开展创新活动的有 20.8 万家，占全部规模以上工业企业的 28.8%。在 20.8 万家有创新活动的企业中，大型企业占 3.3%、中型企业占 13.5%、小型企业占 79.5%。

渐壮大起来。

第三，中小企业对于相关产业链的完善以及商业模式的重构都起到了积极作用。无论是互联网、新能源汽车，还是物流网，任何一种高新技术产业都不是依靠一项专业技术就能发展起来的，而是需要相关的配套技术逐步建立完整的产业链，进而才能实现新兴产业的发展。比如物联网产业链就可以简单分为标识、感知、处理和信息传送四个环节，每个环节的关键技术分别为电子标签、传感器、智能芯片和电信运营商的无线传输网络，涵盖了芯片与技术提供商、应用设备提供商、软件与应用开发商、网络提供商、系统集成商、运营及服务商、用户七个利益相关方。其中，应用设备提供商、系统集成商、软件与应用开发商都主要以中小企业为主。数量众多的中小企业在相互合作的基础上，通过不断的技术创新、灵活的组织结构，专注于利基市场，不断完善和发展物联网的产业链。此外，围绕高新技术产业不断发展的中小企业也为相关产业商业模式的探索和创新发挥着必不可少的作用。通过创新商业模式，中小企业一方面可以以最少的资源来开发获得最大的市场，利用企业的灵活性降低企业的生产经营成本；另一方面可以根据企业的核心技术和自身资源，来灵活形成产品概念和设计商业模式，实现企业利润和价值最大化。

第四，"专精特新"的中小企业具有比较竞争优势。赫尔曼·西蒙（1986）在思考德国经济总量仅有美国的1/4，出口额却超过美国位居全球第一时，发现贡献德国80%出口额的并非西门子、奔驰这些大厂，而是370万家中小特色企业，他提出了"隐形冠军"理论，认为中小企业是德国经济和国际贸易的真正基石，其中一些中小企业规模不大、知名度不高，但是在细分市场耕耘并占据全球领先地位，即"隐形冠军"。从世界发达国家尤其是德国、日本培育专精特新企业的经验看，这些专精特新企业大多是"隐形冠军"或者"小巨人"企业，其发育和成长需要有长期稳定的社会经济条件和文化生态环境。①

近年来，我国着力构建优质企业梯度培育体系，加强专精特新"小巨人"培育扶持和示范引领，2018年，已培育国家级专精特新"小巨人"企业4762家，带动省级"专精特新"中小企业4万多家，入库企业11.7万家。②与大型高新技术企业相比，中小高新技术企业的科技人才更为密集，企业的研发效率更为突出。中小高新技术企业从事研发的技术人员占企业员工比重为6.41%，而大企业仅为4.05%。中小企业从每单位销售额获得的专利成果大约为大企业的2倍，据欧盟统计，从研究与开发经费支出的回报比较，中小企业的研究与开发的单位投入所产生的新产品是大企业的3.5倍。据英国小企业协会调查报告，科技型中小企业人均技术创新成果比大企业高2.5倍；科技型中小企业新技术投入市场的时间却比大企业少1/3。此外，中小企业的企业家精神以及技术创新能力也是其具有比较优势的重要原因。我国创业板上市的很多中小高新技术企业的成长也充分说明了这一点。

第五，中小企业能促进高新技术产业中技术的扩散和传播。技术的传播和扩散是企业获取新知识、提升新技术的重要来源之一。中小企业能通过更为灵活的组织结构形式，通过与科研机构的协作，更加灵活地将科研成果推向产品市场。中小企业规模小，对员工约束较少，面对严峻的竞争压力，中小企业的革新动力和技术敏感度也很高。而且，对于很多中小企业而言，企业的经营者在其中更多地扮演了企业家的角色，其对市场把握的敏感程度是非常高的，容易将高新技术转化为产品并实现商业化。这种内在的本质使中小企业在高新技术产业中发挥着越来越重要的作用。

① 刘志彪：《产业政策转型与专精特新中小企业成长环境优化》，《人民论坛》2022年第3期。
② 工业和信息化部举行支持中小企业发展工作情况新闻发布会（2022年1月，https：//www.miit.gov.cn/xwdt/gxdt/ldhd/art/2022/art_90d4d94a528d468caed5b458f3371ae5.html，2022-01）。

·63·

第四章 基于能力提升中小高新技术企业 E-M-S-M-C 分析

　　中小高新技术企业成长过程中面临的一个突出问题就是在全球化背景下实行技术学习战略的选择问题。全球化的重要特征就是各种要素的自然流动。这种要素流动分为经济要素、社会要素和技术要素。其中，经济要素主要强调劳动力和资本，突出全球贸易壁垒的削减以及经济要素的流动；社会要素强调技术学习和知识转移吸收过程中的影响因素，包括信仰、文化、价值观等；技术要素强调技术的复杂性和独特性，以及技术对知识的推动作用。随着技术的日益复杂，创新一方面成为国家和企业的主导战略，另一方面也促使越来越多的地区和企业通过合作实现创新。

　　在这种情况下，没有几个国家有能力抗拒全球化的压力，我国中小高新技术企业更没有这种能力抵制全球化进程。中小高新技术企业面临的关键问题不是要不要融进全球化大趋势，而是应该选择什么样的创新路径融进全球化，并实现技术赶超。Mathews（2007）认为，后发企业成功发展的基础在于企业对特定技术后发优势的形成，这种后发优势能使后发企业通过对目标追求的努力来加速企业的发展。在特定技术方面，Mathews 认为，目前能代表后发国家企业优势的技术主要是在生物技术、太阳能以及将国内发光二极管技术应用到农村的路径创新等方面。这种创新包括了制定实施后发战略、识别新的和先进的技术、运用低成本来应用技术，同时又要避免与发达国家的现有技术发生竞争。而在企业进行技术学习的动机方面，则更多的是由于企业对未来和预期技术学习投入与收益的一种取舍。

中小高新技术企业进行技术学习的目的在于形成和提升企业自身的技术能力，而为了实现这种能力的提升，企业需要在外界环境的约束和企业自身技术学习动机的引导下决定和选择企业的技术学习战略，并需要企业通过技术学习模式的细化和分解来进行技术学习战略的具体实施，从而最终实现企业自身技术能力的提升。这种技术学习能力同时又转化成为企业技术学习环境的一部分（见图4-1）。本书在此框架下，对中小高新技术企业技术学习环境、技术学习动机、技术学习战略、技术学习模式和技术学习能力进行了分析，从而为第五章的实证分析打下理论基础。

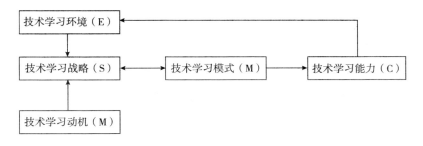

图 4-1　基于技术能力提升的 E-M-S-M-C 模型

第一节　中小高新技术企业技术学习环境分析

与中小高新技术企业相比，技术实力强大的优势企业处于技术知识的前沿，所以只能通过技术的不断发明来保证技术的持续创新。对于中小高新技术企业而言，除了企业自己发明外，还可以通过借鉴（模仿或引进）优势企业的现有技术来实现技术创新。显然，与通过研究和开发的发明来实现技术进步的成本相比，通过模仿或引进的方式来实现技术进步的成本较低。因此，后发国家的中小高新技术企业往往具有技术创新的后发优势，可以利用引进优势企业现有的技术来达到相对优势企业更为快速的技术升级和经济发展速度，并最终实现企业层面的赶超。作为我国实现技术创新强国的重要力量之一，中小高新技术企业的技术赶超可以在很大程度上使国家缩短在某些方面的赶超，从而实现与发达国家技术的差距。

但是，企业技术学习的环境又是特殊的。企业所在国家的政治、文化等因素，企业所在的区域以及技术自身的特殊性都使企业技术学习环境是不同的，这也在某种程度上解释了并不是所有的中小高新技术企业都能通过技术的学习实现对优势企业的赶超：

第一，中小高新技术企业与优势企业之间的技术差距是企业实现赶超的一个有利条件。技术差距是中小高新技术企业技术学习过程中面临的一个普遍问题，虽然技术差距越大对于企业赶超越不利，但是随着技术差距的扩大，中小高新技术企业反而越容易实现技术赶超。当中小高新技术企业与优势企业之间的技术差距越大时，中小高新技术企业进行技术学习的效率会提高。随着技术差距的扩大，优势企业的产品相对于中小高新技术企业的产品而言具有更高的产品市场竞争力，在这种情况下，优势企业会通过增加投资来拉大与中小高新技术企业之间的差距，中小高新技术企业则会通过增加技术学习投入来缓冲由于技术差距带来的影响，从而缩小与优势企业之间的技术差距。

第二，企业所处地区的政治文化因素决定了企业进行技术学习的社会能力的强弱。从国家创新系统的角度而言，当企业进行技术引进时，共同的文化和规范（Lundvall，1992）会促使后发国家的企业通过互动式学习和创新从发达国家企业那里学到先进的技术。从不同国家技术学习的历史角度而言，德国工业革命技术成功赶超英国工业革命的原因在于英国企业技术的传播以及德国文化和社会习俗没有对技术在德国企业中的应用和传播起到阻碍作用。发展中国家要想赶超发达国家不仅需要具备从发达国家输入先进技术的畅通渠道，而且还必须具备消化与吸收所输入先进技术的人力与资本。这种用于消化吸收外来技术的人力资本就是社会能力。对于一个国家和地区而言，这种社会能力是固有的（Freeman，1987），是以企业所处地区的教育水平和技术熟练程度为主要衡量指标的（Abramovitz，1986），正是这种社会能力的存在，才使后发企业能够吸收发达国家的先进技术，从而实现技术的赶超。对中国而言，目前的教育水平处于中等水平，2008 年公共教育经费占 GDP 的比重只有 3.28%，低于世界各国 5.1% 的平均水平。据联合国教科文组织《世界教育报告》的统计，我国培养的学生数量占世界的 18.45%。此外，经过多年的"以市场换技术"策略[①]，我国技术工人人数也得到了很大程度的提升，技术熟练程度也实现了提高。从这方面而言，我国中小高新技术企业进行技术引进时的社会能力是比较强的。尤其是当从韩国或者日本等有着相近文化和社会习俗的国家企业中引进技术时，企业所在地区的政治文化因素更会加速这种对外来技术的引进和消化吸收。

　　第三，技术自身的特殊性也构成了中国中小高新技术企业技术学习的特殊外部环境。随着科学技术的发展和变革，技术日益复杂。在这种情况下，不同特点的技术会给企业带来不同的技术学习环境，从而导致不同的技术学

---

　　①　虽然以市场换技术的策略并没有取得预期的效果，但在客观上也促使了人员技术熟练程度的提高。

习模式。与技术相关的经济能力、群聚与网络、机构的基础设施以及发展区间等构成了企业技术学习的外部环境。技术之间的相互关系以及产业之间技术流的变化将导致国家和企业技术学习发生变化。

对于中国中小高新技术企业而言，不同产业的企业应该发展不同的技术学习策略。因为各个产业和技术存在着独特性和动态相关性（Archibugi，1999），不同产业之间的技术变革、技术创新来源、使用者需求程度以及利益私有化的程度都不相同。按照 Pavitt 的这种划分标准，我们可以将中小高新技术企业所在的产业分为四种：①供应者主导的产业，如农业和建筑业；②规模密集的产业，如大批材料业和装配商；③专业供货商产业，如机械和仪器业；④以科学为基础的产业，如电子业和化学业。

第四，企业所处的区域环境构成了中国中小高新技术企业技术学习的第三种外部环境。企业所处的区域环境包括区域性和网络性。特定区域内的企业在技术学习过程中相互合作，但却在其他特定区域同其他企业展开相互竞争。在这种特定区域内，企业之间的动态网络等非正式社交关系所构成的复杂网络（Camagni，1991），使区域内企业可以通过集体技术学习来提升企业的创新能力和技术水平。而且，在这种环境下，距离也变成了影响企业通过技术学习，促进隐性知识转移的重要外部环境。虽然对于中小高新技术企业而言，交通距离并不是决定企业技术学习的关键变量，但它对区域中企业双方或多方的技术选择都有很大的影响。在一个区域中，对于技术实力较强的中小高新技术企业而言，企业技术学习的优势会随着两者之间距离的加大而弱化。[1] 但是对于处于后发地位的中小高新技术企业而言，这些企业距离具有竞争优势的竞争对手越远，得到的区域保护就越大，但是企业的学习效率却下降了。

---

① 当两者的距离无穷大时，这两个企业将会分别处于分割独立的市场之中。

当区域内中小高新技术企业技术学习困难或者技术差距对优势企业的产品竞争贡献较大时，当处于技术学习阶段的中小高新技术企业与优势企业之间的距离加大时，中小高新技术企业的技术学习劣势便会增加；一旦中小高新技术企业技术学习困难程度较小，这时较少的技术学习投资就可以抵消市场给企业带来的冲击和威胁。

第五，国家之间的贸易摩擦在很大程度上会对我国高新技术企业尤其是中小高新技术企业的技术学习带来阻碍。

我国在高技术产业链上处于较下游的位置，我们的自主创新能力从全球层面来看仍然处于劣势地位，多数产业链的上游位置由发达国家占据。尽管我国的创新活动一直以来都呈现出增长的趋势，但是真正代表高质量专利申请的发明专利占比的增长率反而在较多时期呈现负值（见表4-1），这也说明我国的自主创新能力仍然有待提升。

表 4-1　高技术产业创新活动增长率变化一览表　　　　单位：%

年份	R&D 人员增长率	R&D 经费增长率	申请专利数增长率	发明专利数增长率	发明专利数占比	发明专利数占比增长率
2009					54.27	
2010	−2.37	8.49	−16.34	−8.64	59.26	9.21
2011	33.44	48.88	69.67	53.30	53.55	−9.65
2012	25.18	20.33	26.22	23.32	52.32	−2.30
2013	8.63	17.33	11.88	10.75	51.79	−1.01
2014	6.32	11.79	16.58	18.31	52.56	1.49
2015	3.30	15.49	−4.95	0.77	55.72	6.01
2016	7.00	11.01	17.32	15.34	54.78	−1.69
2017						
2018	16.02	22.07	42.40	35.15	51.99	−5.09
2019	0.11	6.88	14.25	18.05	53.72	3.32
2020						

资料来源：《中国高技术产业统计年鉴》（2009~2020 年）。

作为一个发展中国家，我国的科技创新较多来源于对其他技术领先国的学习与模仿，我国高技术产业的研发创新有很大一部分会依靠发达国家的技术溢出，通过向这些国家学习先进的技术并加以模仿，从而提升本国的科技创新能力，最终可以带来本国高技术产品出口规模的提升。当下中美贸易摩擦里美方多次使用各种关税壁垒和非关税壁垒，尤其是技术性贸易壁垒重点针对高技术领域。[①] 美国一贯在这一贸易壁垒的制定和实施相对隐蔽且数量较多，这更会影响我国科技创新的进程。除此之外，知识产权保护也会有类似的影响，该种非关税贸易壁垒不仅会阻碍我国对外的高技术产品的出口状况，也不利于我国与外界进行高技术创新学习。

外部环境中的技术溢出的减少在一定程度上抑制了我国的创新发展，内部因素企业的研发投入也同样影响着我国高技术产业的创新表现。创新研发活动本身具有高风险特征，高技术创新活动则会有更大的风险且需要更大的投入，因此企业往往缺乏一定的积极性进行研发活动。然而，大多数学者研究发现企业的研发投入会是一个显著影响创新表现的因素。付永萍、马永（2017）通过固定效应模型研究得出研发投入、对外直接投资有显著促进作用。黎文等（2020）发现在贸易摩擦背景下，研发支出对专利申请的影响效应显著。当下逐渐深化的中美贸易摩擦则很有可能通过影响研发投入进而影响创新产出。中美贸易摩擦中，美方征收高额关税抑制了中国企业海外市场的扩展，在一定程度上威胁了企业的生存和发展，最直接的表现就是企业利润的缩减，而利润的缩减也象征着企业盈利能力的下降，此时盈利能力下降又会进一步影响企业的创新表现。

中国中小高新技术企业面临的技术学习外部环境是特殊的。一方面，中

---

① 在中美贸易经贸摩擦中，科技领域是重中之重，美国禁售、打压华为、海康、大华等高科技企业，彰显遏制中国高科技意图。

小高新技术企业可以有效利用技术创新的后发优势，通过低成本的技术学习来达到高效的快速发展；另一方面，中小高新技术企业进行技术学习时，自身所处的文化是不同的，技术本身也是各异的，企业所处的区域也是有差别的，这些都使企业技术学习成本和效率是有差异的。在全球化背景下，一方面，技术要素的流动为中小高新技术企业的技术学习提供了知识和技术来源；另一方面，知识产权日益重要使中小高新技术企业在技术学习时又面临着与以往企业技术学习所不同的技术障碍。企业论及技术的模仿创新，往往谈及日本对美欧等国企业的模仿，韩国对日本和美国企业的模仿，但是现在对于中小高新技术企业而言，企业进行技术学习的外部环境已经发生了很大变化，其中最为明显的是企业技术学习时知识产权的障碍越来越明显①。我国企业在进行技术学习时，不仅要考虑技术自身的特点以及企业自身的组织学习能力，还需要慎重考虑技术学习时对知识产权的影响。只有在此基础上，才能制定出适合中国企业的技术学习战略。

第二节　中小高新技术企业技术学习动机分析

中小高新技术企业技术学习具有自身的特殊性：一方面，技术学习是中小高新技术企业实现企业自身做大做强的核心竞争战略；另一方面，与大型高新技术企业相比，中小高新技术企业在技术学习策略选择时具有自己的灵活性，既可以选择自主研发学习，同时更多的则是在开始阶段选择对引进技术的学习，随着企业的发展逐步选择共同学习、自主研发学习或者集成创新

---

① 知识产权的利弊是很明显的，本书同样认为，知识产权在激励企业增加技术学习投入强度、鼓励企业自主创新的同时，也阻碍了后发企业获取先进技术知识。

技术学习。

中小高新技术企业进行技术学习的动机一般可以分为三种：①技术学习自身的有效性。它决定了中小高新技术企业在特定的技术学习投资约束下所获得的技术学习效果，即实现产品生产成本的降低或者产品附加价值的提升。②现有产品市场的有利性。它影响了中小高新技术企业技术学习效果在现有产品市场上的货币化实现程度，也就是说，中小高新技术企业通过技术学习所能获得的回报是多少。③未来产品市场的主动性。如果说中小高新技术企业追求现有产品市场的有利性主要指的是那些处于成熟期的企业或者市场追随者地位的企业，那些追求未来产品市场主动性的企业主要指的是试图通过原始创新进行自主创新的中小高新技术企业。

对于中小高新技术企业而言，企业在进行技术学习模式和技术学习战略选择时，这三类激励要素对企业的具体影响不仅是未知的，而且是不确定的。因此更多的是由企业决策者根据自身的经验来进行主观预测，这也使决策者的企业家特征会成为决定中小高新技术企业技术学习的激励或者阻碍因素。Penrose 和 Chandler 很早就关注到企业家、高层管理者的个人特征在企业组织能力演变中的作用，而这种组织能力就包括企业的技术学习能力。企业技术学习能力的积累可以存在于两种方式：企业自发式的开发与积累、通过企业家或高层管理者有意识的规划。但无论技术学习是企业自发开展的还是企业家有意识进行的，这种技术学习能力的形成都与企业家的战略决策职能分不开。企业家选择企业技术资源等只是企业技术学习能力提升的第一步，随后需要对企业资源进行筛选、组合、配置、利用，最终形成企业独特的不可完全模仿的技术学习战略。企业的整个技术学习过程都与企业家或者高层管理者的战略意识或者战略规划能力密切相关，而企业家的各种能力同时又与组织能力存在着某种直接或间接的联系（贺小刚，2005）。

为了进一步分析中小高新技术企业技术学习的动力机制，本书建立了中小高新技术企业进行技术学习的动力机制函数。首先给出以企业技术学习投资额（学习成本）为单变量的企业利润函数：

$$B=B(C_t)=Q(C_t)P(C_t)-Q(C_t)C_p(C_t)-C_t \tag{4-1}$$

其中，$B=B(C_t)$ 表示企业利润，C_t 表示学习成本，$Q=Q(C_t)$ 表示产品销售量，$P=P(C_t)$ 表示产品销售价格，$C_p=C_p(C_t)$ 表示产品的单位生产成本。

显然，在企业利润最大化的条件下，中小高新技术企业愿意进行技术学习的必要条件是（在企业家或者高层管理者看来）企业学习投资的边际利润会大于零，即：

$$\frac{dB}{dC_t}=Q\frac{dP}{dC_t}+P\frac{dQ}{dC_t}-Q\frac{dC_p}{dC_t}-C_p\frac{dQ}{dC_t}-1>0 \tag{4-2}$$

整理式（4-2），可得等价条件：

$$(P-C_p)\frac{dQ}{dC_t}+Q\frac{dP}{dC_t}-Q\frac{dC_p}{dC_t}>1 \tag{4-3}$$

式（4-3）表达的含义是企业技术学习的边际收益大于边际成本（=1），其中，边际收益由三部分构成：市场份额扩大引起的企业收益增长 $\left[(P-C_p)\frac{dQ}{dC_t}\right]$，产品价格变动（提高或降低）导致的收益变动（增长或减少）$\left(Q\frac{dP}{dC_t}\right)$，以及由于生产成本降低带来的企业收益的增加 $\left(-Q\frac{dC_p}{dC_t}\right)$。一般来说，投资于不同性质的技术学习项目所达成的经济效果往往是不同的，也就是说，上述三种边际收益在不同的学习类型下会有不同的具体表现。为进一步分析，下面分两种情况进行具体讨论：

第一种情况，假设中小高新技术企业进行技术学习是以降低单位生产成本为目的。如果成本能够降低，那么企业就可以相应地降低产品销售价格（供给曲线下移），从而提高产品的市场占有率，增加销售量。这时作为技术学习激励条件的式（4-3）就可以写成：

$$(P-Cp)\frac{\mathrm{d}Q}{\mathrm{d}Ct}-Q\left|\frac{\mathrm{d}P}{\mathrm{d}Ct}\right|+Q\left|\frac{\mathrm{d}Cp}{\mathrm{d}Ct}\right|>1 \tag{4-4}$$

或者：$(P-Cp)\left|\frac{\mathrm{d}Q}{\mathrm{d}P}\right|\cdot\frac{\mathrm{d}P}{\mathrm{d}Cp}\cdot\left|\frac{\mathrm{d}Cp}{\mathrm{d}Ct}\right|-Q\frac{\mathrm{d}P}{\mathrm{d}Cp}\cdot\left|\frac{\mathrm{d}Cp}{\mathrm{d}Ct}\right|+Q\left|\frac{\mathrm{d}Cp}{\mathrm{d}Ct}\right|>1 \tag{4-5}$

假定，企业的定价策略为 $P=P(C_p)=aC_p$（$a>1$，为常数），则有：

$\frac{\mathrm{d}P}{\mathrm{d}Cp}=a$，由此代入得：$\left[a(P-Cp)\left|\frac{\mathrm{d}Q}{\mathrm{d}P}\right|-Q(a-1)\right]\cdot\left|\frac{\mathrm{d}Cp}{\mathrm{d}Ct}\right|>1 \tag{4-6}$

由式（4-6）可以得出，中小高新技术企业是否有动力进行成本型技术学习的投资主要取决于企业对 $\left|\frac{\mathrm{d}Q}{\mathrm{d}P}\right|$ 和 $\left|\frac{\mathrm{d}Cp}{\mathrm{d}Ct}\right|$ 两个参数的预期，只有当这两个参数的期望值高达一定的水平，中小高新技术企业才会有动力开展基于成本节约的技术学习。从经济学含义看，$\left|\frac{\mathrm{d}Q}{\mathrm{d}P}\right|$ 是中小高新技术企业面对的需求价格弹性，它意味着企业通过降低产品价格而占领产品市场的潜力和预期，一般而言，它受制于同行其他厂商的行为。如果其他厂商同样降低价格（这种降价有可能是因为它们也学习了相同或者类似的技术而降低了产品的生产成本，也有可能是牺牲了企业部分利润从而换取的市场的企业防御行为），那么这种弹性就有限。一种极端的情况是，企业自己的降价行为由于受到同行企业一致降价的挤压而未能在市场份额上获得任何有实质性的进展，即 $\left|\frac{\mathrm{d}Q}{\mathrm{d}P}\right|=0$，那么这时中小高新技术企业进行技术学习的边际收益就为负（此处假定企业的价格策略是在学习成功后实施的）。而 $\left|\frac{\mathrm{d}Cp}{\mathrm{d}Ct}\right|$ 则是企业技术学习的效率，意味着一定的技术学习投资导致的单位生产成本降低程度。显然，对于中小高新技术企业而言，要提高 $\left|\frac{\mathrm{d}Q}{\mathrm{d}P}\right|$ 和 $\left|\frac{\mathrm{d}Cp}{\mathrm{d}Ct}\right|$ 这两个参数的期望值，企

业家以及高层管理者本人对企业技术学习的风险偏好是一个重要的方面，但更为关键的还是要企业技术学习的客观基础是有利的。

第二种情况，中小高新技术企业进行技术学习的主要目的在于提升产品的附加价值（此处假设企业产品单位成本没有改动），也就是说，它对于消费者的效用（U）增加了，因而消费者愿意支付更高的价格（需求曲线上移），这时，中小高新技术企业与消费者可以在一个比以前更高的价格和更大的销售量上达到供需均衡。此时的学习激励条件可以表述为：

$$(P-Cp)\frac{\mathrm{d}Q}{\mathrm{d}Ct}+Q\frac{\mathrm{d}P}{\mathrm{d}Ct}>1 \qquad (4-7)$$

$$或\left[(P-Cp)\frac{\mathrm{d}Q}{\mathrm{d}U}+Q\frac{\mathrm{d}P}{\mathrm{d}U}\right]\cdot\frac{\mathrm{d}U}{\mathrm{d}Ct}>1 \qquad (4-8)$$

对于中小高新技术企业而言，企业是否有足够的动力进行技术学习以致力于提升企业产品的附加价值，关键在于企业所面临的需求曲线在经过技术学习后向上位移的程度。由式（4-8）可以得出，该位移一方面和技术学习自身的效率 $\frac{\mathrm{d}U}{\mathrm{d}Ct}$（单位学习投资导致企业产品效用的边际增长）有关，另一方面又取决于市场对企业产品附加值提升的认可程度$\left(由\frac{\mathrm{d}Q}{\mathrm{d}U}和\frac{\mathrm{d}P}{\mathrm{d}U}衡量\right)$。显而易见的是，市场对企业产品附加值的认可程度也受限于市场上同类厂商的行为，如果同行企业通过相同或类似的技术学习使各自企业的产品附加值得到提升，或者尽管同行企业的附加值未得到提升，但是这些企业通过降低产品价格（如上所述的两种情况）保持了产品的性价比在同一个档次上，再或者由于信息不对称市场缺乏分辨产品优劣的能力，那么虽然这家企业进行了技术学习的投入，而且旨在提升产品附加值的学习效率很高，但也不太可能在市场上获得显著的市场回报。最极端的情况就是市场毫无反应，即 $\frac{\mathrm{d}Q}{\mathrm{d}U}=\frac{\mathrm{d}P}{\mathrm{d}U}=$

0（也就是说需求曲线无任何变动），那么企业进行技术学习的边际收益也就是零，从而无法补偿其进行技术学习的成本。如果中小高新技术企业预期会有类似的消极后果出现，那么企业投资于这类技术学习的积极性就会很低。

上述讨论表明：无论是对成本节约型技术学习还是对价值提升型技术学习，中小高新技术企业进行技术学习的动力都来自三个方面：一是预期企业能获得理想的技术学习效率；二是预期企业所取得的学习效果在市场上能够得到货币化实现；三是预期企业能够通过技术学习从而获得对未来产品市场的占领。任何一个环节上的不尽如人意都会打击中小高新技术企业的技术学习热情。由于是预期，因此中小高新技术企业的企业家和高层管理者的风险偏好就有很大的关系。处于相同的情况下，具有企业家精神或企业家特质的企业决策者更有可能选择开展技术学习。当然，这种预期是与企业所处的现实外部环境密切相关的，也与企业所拥有的进行技术学习的各种资源能力有很大关系。如果外部环境决定了中小高新技术企业进行技术学习的总类和趋势，那么企业所拥有的资源能力决定了企业进行技术学习的实现程度，二者与企业家精神一起构成了中小高新技术企业进行技术学习战略的选择。

第三节　中小高新技术企业技术学习模式分析

目前，学术界对技术学习模式的界定尚不清楚，本书认为企业技术学习模式是一种路径选择。在知识产权背景下，中国中小高新技术企业通过选择技术学习路径，实现在产品或者技术等方面对知识产权的掌握，从而实现企业的成长和发展。对于企业而言，一方面面临着对先进企业的技术学习和赶超，另一方面又面临着知识产权的保护和阻碍。在这种情况下，中国企业技术学习的模式具有自己特定时期的特殊性。

一、影响中国中小高新技术企业技术学习模式的因素分析

影响后发企业技术学习模式选择的要素有很多，不同要素在特定环境下对不同企业的作用也不同，这些因素在很大程度上决定了企业技术学习模式的成功与否。国外对技术学习模式影响因素的研究最初是从研究国家技术学习开始的。Abramovitz（1986）认为，后发国家与发达国家的技术差距以及社会能力共同构成了后发国家快速增长实现赶超的潜力，但这种潜力的实现取决于三种关键因素：后发国家获取先进知识的难易程度、后发国家吸收和发展所获得先进技术知识的难易程度、后发国家政府管理宏观经济能力。随后，Malerba 和 Orsenigo（1996）、Breschi（2000）等从后发国家的后起企业技术追赶的角度出发，识别了影响后发国家和后发企业技术学习模式的四种要素：技术机会、创新的独占性、技术进步的积累性、知识基础的特征。[①]Park 和 Lee（2004）在以上四要素基础上，又增加了四个新的要素：外部知识的可获得性、技术轨迹的不确定性、知识的最初存量、技术生命周期。

中国企业尤其是中小高新技术企业在进行技术学习模式选择时，受到了多种条件的制约。

1. 技术学习引进是中国中小高新技术企业技术创新的关键步骤

对于中国企业而言，大多数企业处于技术学习和赶超阶段，这种后发状态决定了中国绝大多数企业在进行技术学习模式选择时首先面临着与先进企业之间的技术差距。这种技术差距在某种程度上使中国企业在进行自主创新时首先会通过技术引进等方式，借鉴先发优势企业的现有技术来进行生产和

---

① Franco Malerba "Learning by Firms and Incremental Technical Change", *The Economic Journal*, 1992, Vol. 102, No. 413.

改进。因此，技术学习引进就成为中国大多数中小高新技术企业进行技术创新时的第一个关键步骤。例如，在中国发电装备制造业领域，呈现不同学习路径，火电机组、重型燃机和风电机组的技术学习追赶主要采用多轮的"技术引进—消化吸收—再创新"的"二次创新"路径，核电机组技术则采用"二次创新"和"自主研发"两条路径；在追赶节奏和成效上，火电机组技术用近 30 年实现了从追赶到并跑，核电机组技术用 30 年实现了领跑，风电机组技术用 10 多年实现了单机容量开发形式上的并跑，重型燃机技术则在短短数年间实现 70%（甚至更高）的国产化率但核心关键零部件技术尚未掌握。①

2. 生产制造能力的获得是中国中小高新技术企业技术学习的重要目的

对于中国中小高新技术企业而言，技术差距并不是唯一阻碍其进行学习的因素，生产制造能力也是中小高新技术企业进行技术学习的又一阻碍因素。技术学习的直接目的是掌握技术的相关技能知识，最终目的是能够生产出相应的产品并将其出售给消费者。也就是说，企业经过技术学习后还需要将技术知识转化为企业的生产制造能力，从而实现在产品市场上的盈利，实现企业的成长。但是，技术学习的引进与生产制造能力又是两种不完全相同的能力。对于众多的中国中小高新技术企业而言，它们即使能够通过技术引进使组织掌握技术背后凝聚的知识，有相当数量的企业仍然不具备相应的生产制造能力。那么，在这种情况下，为了获得生产制造能力，中小高新技术企业有三种选择：①通过逆向工程或分解等手段实现生产制造能力的模仿；②通过技术学习获得企业自主创新能力，进而拥有自主知识产权的生产能力；③企业先通过逆向工程等手段模仿改进产品生产制造能力，进而掌握企业自

① 杨燕：《从学习追赶到再造优势：制造业后发企业的技术进步路径——以企业为核心主体的理论框架与中国经验》，《西部论坛》2020 年第 30 期。

主创新能力，最后拥有自主知识产权的生产制造能力。例如，在集成电路领域，中美贸易摩擦以来，美国对华实施"精准脱钩"策略以遏制我国尖端技术和产业发展，虽然华为公司具备设计 5nm 的芯片工艺，但受美国制裁影响，我国企业并不具备将其量产制造的能力。从加工制造能力来看，目前台积电和三星电子已具有 5nm 芯片的量产能力，正在发展 3nm 制造工艺。受高端光刻机对华限售影响，中芯国际最高芯片工艺水平处于 14nm，上海华虹 2021 年初刚到达 14nm 量产水平。因无法购进 EUV 光刻机，中芯国际难以继续发力 10nm 及以下更先进制程芯片的制造，与台积电和三星目前成熟的 5nm 技术水平相差三代。长江存储、长鑫存储、兆易创新等企业目前在存储芯片领域正全力追赶英特尔、三星、SK 海力士等国际巨头，在技术水平和产能上追平尚需时日。在高端芯片制造国际市场上，中国大陆整体水平仍处于弱势地位。在代工制造领域，随着美国进一步对我国实施 10nm 及以下技术节点的"推定拒绝"（Presumption of Denial）政策，我国集成电路制造企业正在抢抓时间加快自主技术创新。长江存储的 Xtacking 架构发展高端芯片自主技术路线，形成我国在先进存储领域独有的自主技术体系建设模式。[①]

3. 自主知识产权的掌握是中小高新技术企业成长发展的基础

在知识产权背景下，中小高新技术企业为了实现企业的成长与发展，就要求获得相应产品或者技术的知识产权，从而才能避免在国内或者国际市场上陷入侵犯知识产权的陷阱。尽管我国中小高新技术企业已经成为国家自主创新的重要力量，但是中小企业的总体发展水平与国际先进水平之间仍有较大的差距。尤其是我国长期以来形成的低成本模仿战略，使企业在自主知识产权乃至品牌建设方面都需要有更大的进步。因此，中小高新技术企业要想

① 杨道州、苗欣苑、邱祎杰：《我国集成电路产业发展的竞争态势与对策研究》，《科研管理》2021 年第 42 期。

实现真正的快速发展，实现企业自身的做大做强，必须掌握自主知识产权，才能在知识产权日益重要的市场中成长。

在中美"贸易摩擦"发生后，2018 年出现了"中兴事件"，2019 年华为遭到美国严厉制裁；另外，中美贸易谈判达成的重要共识就是加强知识产权的保护。拜登政府上任以来，对华实施"精准脱钩"策略。这不仅对中国科技企业的生存发展提出严峻挑战，也促使我国科技发展真正走向自立自强。科技企业的关键技术部件和核心知识产权，作为科技企业的命脉和灵魂，必须要由自己掌控而不能依赖其他公司，尤其是其他国家所控制的公司。中国科技企业必须改变过去"造不如买"的传统思维，转移工作重心，加大研发投入，加强原始创新、集成创新和引进消化吸收再创新的自主学习路径，才能在大浪淘沙中生存下来。

二、中国企业技术学习的两种模式

在知识产权背景下，中国企业技术学习模式选择的最终目的是获得具有自主知识产权的生产制造能力。对于中国高新技术企业而言，往往要经历对现有先进生产技术的引进或者学习，从而通过组织及个人的努力，在特定技术的特定环境下，形成组织的自主创新能力，并最终获得拥有自主知识产权的生产能力。在这种技术学习的路径中，技术自身的特殊性以及企业原始技术能力的薄弱决定了企业技术学习的模式并不是一样的。根据这一点，本书将中国高新技术企业技术学习的模式大体分为两种：一种是遵循"技术学习引进—模仿改进生产能力—自主创新能力—拥有自主知识产权的生产能力"的技术学习模式；另一种是"技术学习引进—自主创新能力—拥有自主知识产权的生产能力"的技术学习模式。不可否认的是，这两种技术学习模式并不是完整的、不可分割的一种路径，技术的特性、企业自身的组织能力以及外部环境等因素都使中国企业的技术学习模式具备了一定的可分解性。对于中国高新技术企业而言，无论从实地调研的资料还是从网上收集的资料分析，有些企业在成长过程中，在技术学习路径中只完成了一半或者不到一半的路程就停滞不前，而有些企业则是坚持完成了整个技术学习路径。

1. "引进—模仿—创新—生产" 的技术学习模式

中国技术整体的赶超背景决定了对于多数中国高新技术企业而言，技术的学习引进过程是必可不少的。从技术学习自身而言，这种技术引进包括购买专利等知识产权、学习先进成熟的技术文献、招聘具有先进技术能力的优秀员工或者团队等。当企业进行了技术引进之后，就需要通过模仿优势的产品进行生产。企业进行模仿的目的一般来说有两种：通过模仿生产进行销售产品，目前我国很多山寨手机生产商就属于这一种类型；另一种是通过模仿生产进一步消化企业引进的新技术，从而为企业进一步的技术创新积累先验知识（Linsu Kim，1997）。

对于技术模仿的企业而言，当企业进行模仿生产时，企业面临着两种选择：第一种选择是不再进行技术的再创新，仅仅通过这种模仿或者购买对方的专利等手段进行发展，从目前来看，这类企业在我国中小高新技术企业中占据着较大的数量。从资料分析来看，很多企业并不是不想进行技术再创新，而是受制于企业资金、所处外部环境、技术自身特性等因素，使企业当前的技术学习只能是以生产为主。从广义的自主知识产权来看，这些企业生产的产品是自主创新的产品，企业也是高新技术企业。但是从本书界定的狭义的自主知识产权概念来看，这些企业生产的产品并不具有自主知识产权：企业并没有通过自身研发、改进等手段获得新的技术，从而申请新的技术专利。

企业模仿生产后面临的第二种选择是企业通过模仿积累了资金以及技术

经验后，通过企业组织的努力、企业战略的导向，实现了相应技术的改造和改进，申请并获得了相应的新技术专利。这类企业所进行的技术学习过程就是我们通常意义上而言的"引进消化吸收再创新"。

在这个过程完成后，企业已经拥有了自主知识产权，企业可以就自己拥有的自主知识产权进行市场转让或者进行产品生产制造。① 这种选择使企业成为技术专利的提供商或者技术产品的生产商，或者既生产产品同时又提供技术专利的转让。世界上有名的专利授权企业是美国的高通，在企业百亿美元的年营业收入中，专利收入占有很大比重，生产制造产品的收入只占了很少的一部分。② 即便在美国政府制裁之下，华为 2019～2021 年知识产权收入仍能达到 12 亿～13 亿美元。截至 2020 年底，华为全球共持有有效授权专利 4 万余族（超 10 万件），90%以上专利为发明专利。③ 华为对遵循 5G 标准的单台手机专利许可费上限为 2.5 美元，并提供适用于手机售价的合理百分比费率。而苹果每台手机要向高通支付的专利费是 7.5 美元，可以说远远高于华为。

通过分析可以知道，在"引进—模仿—创新—生产"的技术学习模式中，企业的技术学习选择其实进一步分为三种："引进—模仿""引进—模仿—创新""引进—模仿—创新—生产"。

2. "引进—创新—生产"的技术学习模式

虽然在赶超背景下，处于后发者的中国高新技术企业在技术学习的初期都需要经过技术引进学习，但是这种技术引进学习的形式和内容并不都是一样的。有些企业进行技术学习引进时，更多的是依靠购买设备、购买专利等

---

① 一些企业或组织会将自主知识产权入股其他企业，从而共享产品的收益。这种行为其实也是选择了生产制造。

② 即便是在 2020 年新冠肺炎疫情冲击之下，高通企业的营业收入仍然达到了 235 亿美元。

③ 华为公司：《创新和知识产权白皮书 2020》。

形式；有些企业在进行技术学习引进时则是依靠技术知识方面文献的搜索和学习。对于原始创新和集成创新的企业而言，更多选择了后者。

当企业通过文献学习或者参观考察，实现了技术学习后，就需要对相应的技术进行研究，通过绕过原有技术专利所构成的专利壁垒，形成新的技术专利，并申请获得新的自主知识产权，从而在此基础之上进行原始创新或者集成创新。代表我国政府提出 TD-SCDMA 技术标准的大唐移动就是通过这种形式实现了"引进—创新—生产"的原始创新。中国高铁也是通过这种形式实现了集成创新。吕铁、贺俊（2019）在对中国高铁技术赶超的调查研究中发现，在技术引进消化吸收再创新阶段，外生技术机会的形成大致有两种情境：一是引进技术与中国市场需求不完全匹配，促使中国企业开展适应性改进而进行的技术学习；二是引进技术本身存在技术缺陷，迫使中国企业开展技术优化而进行的技术学习。这两方面的学习与创新，都为中国高铁技术带来了大量的自主知识产权。

这类企业进行的技术学习过程就是我们一般意义上而言的"原始创新"和"集成创新"。企业在"引进—创新—生产"的技术学习模式中，可以分为"引进—创新"模式和"引进—创新—生产"模式两种。

3. 技术学习模式的可分解性

技术学习模式并不是不可分解的，即使是引进消化吸收再创新的过程，其实也分为技术引进、技术消化吸收、技术再创新三个子过程。对于选择引进消化吸收再创新的企业而言，并不是一定要走完"引进—消化吸收—再创新"完成的过程。企业会根据自身发展状况和外部环境等特点制定企业的发展战略，并在企业战略的导向下，选择合适的技术学习模式。有些企业，尤其是中小高新技术企业在发展初期，往往遵循了先生存再发展的原则，在这种情况下，如果缺乏外界资金和政策的帮助，对于企业而言更合适的技术学习模式可能就是简单的技术引进。在知识产权背景下，这些企业可能会通过购买专利等手段，实现合法化和正规化的生产经营，随着企业的逐步发展，企业可能会选择进一步的再创新，从而获得自主知识产权。

根据上文可以得知，目前中国高新技术企业的技术学习模式可以分为两种，其中每一种都可以进行进一步的细分。细分后的五种技术学习模式基本涵盖了在自主知识产权的背景下，中国高新技术企业的技术学习路径（见表4-2）。

表4-2　中国高新技术企业技术学习模式的分解

技术学习模式	技术学习模式的分解	获得的知识产权	自主创新的种类
引进—模仿—创新—生产	引进—模仿	通过知识产权转让获得知识产权	引进消化吸收再创新
	引进—模仿—创新	通过知识产权转让形成自主知识产权	
	引进—模仿—创新—生产	形成生产制造能力	
引进—创新—生产	引进—创新	通过原始创新、集成创新获得专利所有	原始创新、集成创新
	引进—创新—生产	形成自主知识产权的生产制造能力	

资料来源：笔者自己分析整理得出。

第四节　中小高新技术企业技术学习战略分析

本书根据以波特为代表的环境学派观点以及以普哈拉德和哈默等为代表的资源学派观点，认为企业技术学习战略是企业根据所处的内外部环境，结合自身拥有的资源，对企业技术学习实行的一种定位，而企业技术学习模式是一种路径。企业技术学习的目的是获得相应的组织学习能力，从而实现自主创新。从这个角度而言，企业技术学习战略是企业为了获得技术学习能力，进而实现自主创新，所制订和实施的一项长期计划，该战略与企业总体发展战略是相一致的，是有利于企业总体战略实现的。

发展中国家与地区企业技术能力发展路径与发达国家不同，这些技术后进国家企业技术发展多起源于选择、获取、消化吸收和改进国外技术。因此，技术后进国家企业是在了解、依赖发达国家技术发展轨迹和国外技术供应全球战略的技术环境下，寻求其技术能力的获得。在现有的研究企业技术能力文献中（Ruby Consen，1998；Lall，2001；Jin W. Cyhn，2002，等等），往往对企业技术能力发展的前端——技术选择分析不足，只有个别学者如林武（1989）、斋藤优等（1996）、Linsu Kim（1997）做了一些初步研究，但这些分析不够细致，未能规律化。我国学者（高建，1997；谢伟，2008；魏江，2002，等等）在这方面的研究与他们大体相同。从实证及其理论指导意义而言，技术选择是剖析企业技术能力发展内在机理的首要工作，而如今，它依然是个黑箱。不仅如此，技术学习行为这一复杂系统存在着"初始条件的敏感依赖性"，因此，对中国企业技术选择的研究，能够指导企业做出明智的技术能力发展决策，从而避免企业被锁定在技术能力发展的低级化道路上，其意义十分重大。

我们以企业技术能力研究范式为基础，运用技术学习战略决定的数理模型，以案例为实证，来探究中国企业技术选择的行为，并提出相关对策。

一、企业技术学习战略的理论框架

自 20 世纪 80 年代以来，企业技术能力研究作为一种技术后进国家技术追赶过程中新的分析范式和企业能力理论的核心基础受到世界众多学者的关注。"企业技术能力"是企业在持续的技术变革过程中，选择、获取、消化吸收、改进和创造技术并使之与其他资源相整合，从而生产产品和服务的累积性学识（安同良，2002）。企业技术能力从本质上讲是企业组织以技术发展为导向的具有行动指向的知识资源，而知识本身可以按照潜在的可观察的行为来定义。知识往往表现为凝聚在个人、群体或物品中的以信息为基础的能力或物化的能力。单独而言，能力只是个人或企业能够胜任工作或任务的行为流程或潜在特点。从时间角度来看，企业技术能力是一个具有路径依赖的演化过程。它的发展并不是自动的过程，而是企业应对环境变化、主动进行技术学习的结果。在此，笔者将技术学习定义为"企业创造、改进、提升以资源为基础的显现与内隐的技术能力的过程"。从演化的角度，技术能力的发展是企业决策规则变化而导致的行为变迁（Nelson and Winter，1982）。为此，成功的技术能力发展需要对技术学习进行精心的管理（Carayannis，2001）。根据技术学习的知识本体与行为模式，设计了技术后进国家企业技术能力发展的五段式模式——技术选择、获取、消化吸收、改进和创造。其中，企业技术能力的发展可以归纳为初始发展与高度化发展两大发展阶段。在企业技术能力发展这一完整序列的前端，即技术选择与获取是每一企业技术发展必走的路径，可称为技术能力发展的初始阶段。而企业技术能力的高度化发展阶段则是指企业在技术能力发展的过程中由消化吸收逐渐向技术创造阶段的演化。

从行为的角度，技术后进国家的企业首先在技术学习伊始做出技术选择，即技术学习战略的决定与执行。当然，不排除有些后进国家的企业在技术获取前没有深思熟虑，但这并不能证明它没有做出选择，恰恰是技术选择的一种盲目形式。日本、韩国许多企业因正确的技术选择而导致了技术能力不断升级，如韩国现代公司以获得技术能力为矢志，于 20 世纪 80 年代研发出阿尔发发动机，其性能超过了日本本川的类似机型。而日本松下选择了以"比别人做得更精、更好"为口号的超级模仿秀式技术发展战略，时至今日，不重研发的战略使其在 2001 年开始出现亏损的局面。对于技术学习，技术选择具有战略锁定效应，技术后进国家的企业必须慎重抉择。

技术学习战略是指以技术努力为基础的技术学习的规划。本书借鉴 Chris Freeman 等（1997）与高建（1997）对创新战略的研究，根据产业技术进化的类型、企业技术学习的过程，将企业技术学习分为领先战略与追随战略两大战略，在追随战略中又细分为拿来主义战略、复制性模仿战略、创新性模仿战略（改进战略）。领先战略是以创造新技术为目的并在世界范围内保持领先地位。只有以世界性领先为目标，才能清醒意识到技术后进国家企业技术能力的差距。追随战略指企业追随世界性前沿或主导性技术，大多数技术后进国家的企业技术学习基本上采取的是追随战略，不过追随的技术重点不同。拿来主义战略指企业对获取技术的简单使用，它一般对应可以直接使用的简单技术；复制性模仿战略则是指在对获取的技术消化吸收基础上，以逆向工程等方式简单复制；创新性模仿战略是指在深度研发的基础上，致力于生产具有新功能的仿制品，并有可能在产品与工艺创新方面有所改进。图 4-2 描述了技术选择的方式与内容。

韩国企业技术学习战略基本上是从复制性模仿到创新性模仿（Linsu Kim，1997），而日本企业基本上是从技术追随（移植）到技术领先的战略实现过程。值得注意的是，技术后进国家的企业要想实行技术领先战略，往往需要低一层次的技术能力做支持（Lall，2001）。

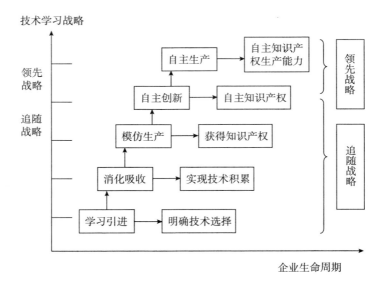

图 4-2　生命周期过程中企业技术学习战略与技术学习模式

二、企业技术学习战略决定的模型分析

技术后进国家企业技术学习战略的决定依赖于技术学习成本与收益的权衡。这种权衡随着企业主体复杂适应性的进化而有所差别。我们设计一个企业技术学习的战略决定模型，此模型是斋藤优等（1996）技术开发模型的借鉴、修正、扩展与普适化。假设某一企业生产与技术的关系可以表示成以下的函数关系：

生产函数 $Y=T \cdot F(L)$ (4-9)

技术进步函数 $\Delta T=G(P)$ (4-10)

技术发展函数 $P=H(E)$ (4-11)

生产要素 $L=E+S$ (4-12)

其中，Y 为产值；T 为整体平均技术水平；L 为生产要素；ΔT 为技术发

展引起的 T 的增量；P 为发展的新技术；E 为构成技术发展资源的要素（人才、资金、设备、信息）；S 为除 E 以外的生产要素；F、G、H 分别代表相应的函数关系。

我们用 $*$ 表示未来目标，比如 ΔT^* 表示如果实施相应的技术发展，可以将整体平均技术水平 T 提高 ΔT^*。在未来的技术进步 ΔT^* 和技术发展 P^* 中都伴有风险，因此设对应于 ΔT^* 和 P^* 分别存在着成功率或风险率 γ_1 和 γ_2，包括 γ_1 和 γ_2 的整体成功率或风险率为 γ。进行技术发展的前提是技术发展收益大于技术发展成本，假设技术发展收益为 X，技术发展成本为 C，技术发展期间为 m，发展的技术可利用期间为 n，则技术发展利益的贴现值 X 为：

$$X = r \sum_{i=m+1}^{m+n} \Delta T^* \cdot F(L) \frac{1}{(1+r)^i} = ry \sum_{i=m+1}^{m+n} Y \frac{1}{(1+r)^i} \qquad (4-13)$$

技术发展利益依赖于技术发展的成功率 Y，技术发展成功后的获利期间是在发展期间 m 终止之后的 $m+1$ 至 $m+n$ 期间。$y = \Delta T^* / T$ 是预期的技术进步率，r 是为了计算技术发展利益 X 的贴现值所设定的贴现率。生产要素 L 中的 E 是投入研究开发中的，为了分析技术发展成本 C，这里将投入常规生产业务中的 E 看作成本：

$$C = \sum_{i=1}^{m} T \cdot F(E) \frac{1}{(1+r)^i} = a \sum_{i=1}^{m} \frac{1}{(1+r)^i} \qquad (4-14)$$

其中，$a = T \cdot F(E) T \cdot F(L)$ 为技术发展投资占总产值的比例，是技术发展成本率或技术开发投资率。而且满足以下条件：$a \leqslant \left(\frac{E}{L} \text{或者} \frac{Y-\overline{Y}}{Y} \right)$。也就是说，技术发展资源 E 的量是有限的，难以迅速增加。另外，无论有多大的预期利益，都要谨防失败，准备承担风险，维持正常的事业和生活所必需的生产。a 也要受到正常生产的产值 $\overline{Y}$ 的制约。

利用等比级数的求和公式，可以从初值计算出无技术发展时的产值为：

$\sum\limits_{i=1}^{m+n} Y \dfrac{1}{(1+r)^i}$，则技术发展的纯利润（$X-C$）所占的比例，即技术发展的纯利润率 x 为：

$$x = (X - C) / \sum_{i=1}^{m+n} Y \frac{1}{(1+r)^i} = \gamma y - (\gamma y + a)A$$

$$A = \left[1 - \frac{1}{(1+r)^m}\right] \bigg/ \left[1 - \frac{1}{(1+r)^{(m+n)}}\right] \qquad (4-15)$$

从式（4-15）可以看出，为了提高 x 的值，必须尽量提高 γ 和 y，并尽量降低 a，A。

为了进行技术发展，企业技术发展的纯利润率必须为正数，即 $x>0$，为此必须满足以下条件：

$$y > \frac{a}{\gamma} \cdot \frac{A}{1-A} \qquad (4-16)$$

通过以上分析，我们可以得出结论：①技术进步率 y 和技术发展成功率越大，并且技术发展成本率 a 和 A 越小，技术发展利润率 x 就越大；②为了提高技术发展利润率 x，应该减小 A，即选择开发周期（m）短、利用周期（n）长的项目。

在发展中国家，我们曾将技术学习战略分为领先战略与追随战略两大类，我们按照技术发展成功率与技术开发成本率等指标将其细分为四类，与技术学习战略相对应（见表4-3）。其中，我们将技术发展利益区分为短期利润与长期利润，可以得出以下命题：若以短期利润最大化为目标，作为有限理性的技术后进国家的企业，自然选择拿来主义战略，因其技术发展成功率最高，而技术发展成本率仅为技术引进费一项，其成本率最小。但从长期利润最大化而言，必须选择领先战略，依次才选创新性模仿战略、复制性模仿战略。若长、短期利润相结合，复制性模仿与创新性模仿战略为较好选择。

表4-3　企业技术学习战略的成本、收益利润比较

技术学习战略		技术发展成功率	技术发展成本率	短期利润	长期利润
追随战略	拿来主义战略	++++++	+	++++++	+
	被动模仿创新	+++++	++	+++++	++
	主动模仿创新	++++	+++	++++	+++
领先战略	技术能力领先战略	++	+++++	++	+++++
	生产能力领先战略	+	++++++	+	++++++

注："+"表示程度，"+"越多，表明程度越高或者越大；"+"越少，表明程度越低或者越少。"+"的数量只具有提供多少比较的功能，不具备倍数功能。

命题的结论在理论层次上业已证明技术后进国家企业技术学习战略的选择类型，其关键在于企业长、短期利润的权衡与企业技术发展的抱负，这两者决定了企业的技术学习路径。进一步而言，企业经营者的雄心壮志及长期发展取向才是技术发展路径选择的关键变量之一。Winter（2000）提出了关于能力学习的概念模型，认为抱负水平是中心变量，并且决定对学习的投资。Winter 的研究也从理论上支撑了笔者的技术学习战略选择的决定机制。

我们继续推导上述模型。为了寻找技术利润率 x 极大化的条件，我们以 a 为自变量对式（4-15）求微分得：

$$\frac{\delta x}{\delta a} = \gamma \frac{\delta y}{\delta a} - A\gamma \frac{\delta y}{\delta a} - A = 0 \tag{4-17}$$

再对式（4-9）、式（4-10）、式（4-11）关联求导，并以 T、L 为基值，设其为1，则得：

$$\frac{\delta y}{\delta a} = \frac{dG}{dP} \cdot \frac{dH}{dE} = a\beta \quad \left(式中，a = \frac{dG}{dP}, \beta = \frac{dH}{dE}\right) \tag{4-18}$$

将式（4-18）代入式（4-17），可求得技术开发利润率极大化的点是：

$$\gamma = \frac{1}{a\beta} \cdot \frac{A}{1-A} \tag{4-19}$$

如果 a、β 很大，A 很小，即 m 很小，n 很大，即使技术发展成功率 γ 很小，技术发展也可以进行。$\alpha\beta$ 大就意味着 $\partial y / \partial a$ 大。然而，即使 γ 很大，因 γ 是概率，不能必保成功，所以 a 的增长是有限度的。我们假设，技术先进国的最先进技术不会被引入技术后进国的国门，而引进的技术只能是被追随的技术。则技术引进即 γ 是确定的（成功的概率为既定）。当 A 很小，即 m 很小，n 很大时，$\alpha\beta$ 很小，即技术引进费用相当于整体技术发展很小时，而技术成功率 γ 很大时，技术引进（追随）当然是明智的选择。

三、企业技术学习战略与生命周期的关系

企业技术学习战略是企业根据所处的内外部环境，结合自身拥有的资源，对企业技术学习实行的一种定位。企业技术学习战略是企业为了获得技术学习能力进而实现自主创新，所制订和实施的一项长期计划，该战略与企业总体发展战略是一致的，是有利于实现企业总体战略的。在知识产权背景下，企业技术学习战略的选择对于企业而言是一种努力行为，是企业为了获得自主知识产权而进行的一种努力和付出。在全球化背景下，对于中国高新技术企业而言，面临着更加复杂的外部环境。国际市场上，中国企业面临着技术赶超实现自主创新国家的机遇和重任；国内市场上，中国高新技术企业尤其是中小高新技术企业面临着技术学习能力的不足、资金匮乏、管理不善等现实阻碍。此外，随着知识产权的国际化程度受到越来越多国家和企业的重视，这些自身实力薄弱的中小高新技术企业还面临着更为严峻的专利陷阱。这其中，既有中小高新技术企业缺乏技术专利申请以及技术学习等法律常识，更为重要的是中小高新技术企业目前的成长发展阶段中尚未形成具有自主知识产权的专利技术，只能通过购买国外企业的专利或者模仿制造等手段进行合法或者非合法的成长与发展。但是，对于中小高新技术企业而言，模仿制造

必然会给企业带来侵权成本的增加；而购买国外企业的专利，则容易使企业形成"专利依赖症"，从而进一步丧失自主创新的动力，不利于企业长期的成长。

对于中国高新技术企业而言，企业对技术学习战略的选择过程一般遵循着复杂适应性主体行为模型 $B=f(PE)$ 的一般模式（Kurt Lewin，1936）。其中，我们用 B 表示企业的行为，用 E 表示包括企业个体的整体环境，而企业个体为 P。那么，企业的技术学习战略行为既取决于企业个体的组织能力，同时也取决于外部环境。总体而言，企业这一复杂适应性主体是以自主知识产权为导向、以自主创新为目标，不断聚集、标识，以企业为载体、以技术学习模式为手段，在企业不同的成长阶段，通过组织内部和外部相互作用，使企业技术学习战略、技术学习模式及技术学习能力等呈现出不断演化和发展的自适应性经济结构。企业技术学习战略选择的过程遵循着复杂适应性系统的一般系统。我们将 B_c 标记为企业技术学习战略的选择行为，L_c 标记为企业所处的成长阶段，E_o 标记为企业进行技术学习的来源，P_d 标记为企业技术学习的态度，M_a 标记为企业进行技术学习的方式，I_u 标记为企业进行技术学习的预期效果，ε 代表其他变量，则 $B_c=f(L_c, E_o, M_a, P_d, I_u, \varepsilon)$。含义是企业技术学习战略的选择是企业所处成长阶段（L_c）、技术学习来源（E_o）、技术学习态度（P_d）、技术学习方式（M_a）、技术学习预期效果（I_u）及其他变量（ε）的函数。

其中，企业进行技术学习的来源分为企业内部和外部。如果企业的技术学习来源是企业内部的话，企业进行的技术学习更多的是一种对原有技术的改进和突破，是一种技术领先战略。如果企业的技术学习来源是企业外部的话，那么企业进行技术学习的第一步是要识别出需要进行引进和学习的技术。这点对于企业来说是非常关键的，在很大程度上也决定了企业随后技术学习战略的选择。当企业通过筛选和识别，确定了需要引进和学习的外部技术来源后，企业需要对引进的技术进行消化吸收。企业技术学习的态度分为主动学习和被动学习。对于高新技术企业而言，主动的技术学习是以追求自主知识产权为目的的技术学习；而被动的技术学习则是以实现模仿性生产为目的的技术学习。企业进行技术学习的方式分为单独的技术学习和与人合作的技术学习。随着技术复杂性的增加以及企业所处外界动态性的变化，企业自主创新的行为更多地选择了与优势企业进行合作研发。技术学习的预期效果分为自主知识产权的获得和非自主知识产权的获得。对于从事简单模仿生产的企业而言，通过技术学习战略的选择和实施，并不能获得自主知识产权，更多的是一种非自主知识产权的获得。

对于中国高新技术企业而言，企业的成长阶段分为孕育期、求生存期、高速发展期、成熟期、衰退期和蜕变期（陈佳贵，1988，1995）。企业在不同成长阶段对于技术学习战略的要求是不同的。从技术学习角度而言，处于孕育期的高新技术企业更多的目的是对外界或自身技术的一种筛选和获取过程。对于求生存期的高新技术企业而言，则更多关注企业生存的问题，并不是企业发展的问题。生存问题的关注使企业更多的不是致力于自主知识产权的专利技术的获取，而是集中于产品的收益上。如果没有雄厚的资金支持和企业家强大而坚定的决心抱负，多数企业会选择通过模仿或者购买专利实现企业的生存。在求生存期，企业通过被动模仿战略生产模仿性产品，实现了企业技术创新原始资本（包括资金和技术来源）的积累，也为企业随后的自主创新打下了基础。随着企业技术学习经验的丰富以及技术学习投入资金的增加，企业进入了主动模仿创新以及领先战略的创新阶段。通过主动模仿创新战略以及领先战略，企业实现了自主知识产权的获得，并通过单独学习或者合作学习，实现了拥有自主知识产权的产品的生产和销售。一旦这样的领先战略取得成功，企业也就进入了高速发展期，企业长期获得的利润是非常巨大的。对于高新技术企业而言，企业进入成熟期后更多的是选择稳定的技术学习战略，通过合理分配技术学习的投入，保持企业的稳定发展。由于技术学习路径依赖的关系，这个阶段高新技术企业往往会选择企业在高速发展期所实施的技术学习战略，但又会趋于保守，创新性也会有所减弱，企业往往依靠成熟的专利技术或者产品来进行发展。高新技术企业对技术创新的持续性要求很高，沉迷于企业成熟的专利技术或产品往往会导致企业的可不持续发展，从而使企业进入衰退期和蜕变期。这也是我国高新技术企业尤其是中小高新技术企业生命周期较短的一个主要原因。当企业进入衰退期后，一些企业会选择增加技术学习投入来进行新的技术学习和新的专利技术的获取，如果企业能够重新发展，就标志着企业由衰退期进入了蜕变期；另外一些在进入衰退期后，如果不能完成新的转型，就预示着这家高新技术企业生命周期的结束。

目前我国提出的国家自主创新战略，其实更多的是从对技术学习成果的维度进行衡量的。为了促进企业实现自主创新，学术界和政府以及企业界提出的"原始创新、集成创新、引进消化吸收再创新"等创新战略其实更多的是技术学习的来源等维度进行考虑。而 Tatyana（2006）提出的技术学习六种模式，更加侧重于技术学习主体对技术学习的态度以及技术学习的方式。本书在这些基础之上，从企业技术学习的来源、技术学习的态度、技术学习的方式、技术学习的预期四个维度对企业技术学习战略进行衡量（见表 4-4）。其中，企业技术学习的来源分为企业内部的技术知识和企业外部的技术知识。企业技术学习的态度指的是企业对技术学习环境的态度，分为主动的技术学习和被动的技术学习两方面。企业技术学习的方式指的是企业通过单独学习还是合作学习的方式进行技术学习，因此可以分为单独技术学习和合作技术

学习。企业技术学习的成果主要从知识产权方面进行衡量。根据企业对技术
背后知识产权的所有权，将技术学习简单分为享有知识产权的技术学习和不
享有知识产权的技术学习；其中，享有知识产权的技术学习又分为共同享有
知识产权的技术学习和独自享有知识产权的技术学习。企业技术学习的方式
在某种程度上决定了企业对知识产权的共享程度，因此，本书将享有知识产
权的技术学习称为自主型技术学习；不享有知识产权的技术学习称为依赖型
技术学习。

表 4-4　企业生命周期与企业技术学习战略的匹配性

技术学习战略	技术学习来源	技术学习态度	技术学习方式	技术学习预期	企业生命周期
拿来主义战略	外部	被动	单独学习	没有知识产权	孕育期、求生存期
被动模仿创新	外部	被动	单独学习	有知识产权	求生存期
主动模仿创新	外部	主动	单独学习	自主知识产权	孕育期、高速发展期、衰退期、蜕变期
技术能力领先战略	外部、内部	主动	单独学习、合作学习	自主知识产权	孕育期、求生存期、高速发展期、成熟期、衰退期
生产能力领先战略	外部、内部	主动	单独学习、合作学习	自主知识产权	高速发展期、成熟期、衰退期、蜕变期

资料来源：笔者根据前文分析整理得出。

通过这四个维度的衡量，可以更好地分析中小高新技术企业技术学习战
略的定位问题，也更能全面地理解中小高新技术企业成长的不同生命周期阶
段，选择技术学习战略时需要考虑的要素，体现了企业战略理论中资源能力
学派和环境学派的观点。

第五章　中小高新技术企业技术学习战略与知识产权研究

第一节　自主知识产权和知识产权共享问题探讨

一、自主知识产权的界定

自主知识产权是中国高新技术企业核心竞争力的关键，对推动我国高新技术企业的技术创新有着重要的推动作用和保护作用。加强自主知识产权的研究，已经成为我国中小高新技术企业成长和发展的重要命题。

自主知识产权有狭义和广义之分。广义的自主知识产权是指本国的公民、法人或非法人单位经过其主导的研究开发或设计创作活动而形成的、依法拥有的独立自主实现某种技术知识资产的所有权，其中包括从其他中国公民、法人或非法人单位那里购得的知识产权。狭义的自主知识产权指的是在一国疆域范围内由本国公民、企业法人或非法人机构作为知识产权权利主体，对其自主研制、开发、生产的"知识产品"（如计算机软硬件、网络信息产品等），及获得许可购买他国或他人专利、专有技术、商标、软件等所享有的一种专有权利。在国家科技部 2000 年发布的《高科技产业自主知识产权认定指南》及 2006 年"十一五"的《加强企业知识产权工作，促进形成一批拥有自主知识产权和知名品牌、国际竞争力较强的优势企业》等文件中，自主知识产权指由中国自然人、法人或非法人单位主导研究开发、设计而创作形成的，并由其依法自主享有实现该技术权益的知识产权。申请人在从中国其他自然人、法人或非法人单位处继受取得的自主知识产权基础上进行二次开发而形成的知识产权被视为自主知识产权。① 本书所认为的自主知识产权指的是狭义的自主知识产权，指的是经过企业技术学习而获得的专利技术的权利。

广义的自主知识产权和狭义的自主知识产权的重要区别在于：与狭义的自主知识产权概念相比，广义的自主知识产权包括机构或者个人通过购买或转让等形式获得的知识产权。也就是说，广义的自主知识产权中涉及了知识产权的转让问题。

对于创新的主体而言，知识产权是可以转让的。通过知识产权的转让，一方面提高了知识产权的利用率；另一方面市场上有偿的知识产权转让也给知识产权权利人增加了收益和企业的利润。对于创新主体和知识产权权利人而言，通过知识产权转让，可以有足够的资金和动力去激励他们继续进行技术和产品的研发，促进企业组织能力的提高。对于知识产权的受让方而言，一方面受让方可以节省相关技术研发的成本，直接使用该技术即可；另一方面受让方可以在法律许可的范围内对已经购买的知识产权进行改进和创新，

---

① 科学技术部：《高科技产业自主知识产权认定指南》，《中国新技术新产品精选》2006 年第 5 期。

从而拥有新的知识产权。[①]

尽管通过知识产权的转让，可以让受让企业间接掌握凝聚在知识产权背后的技术知识，但是这种转让的知识产权背后的技术知识，更多的类似于企业进行技术学习的一种知识来源，并不能等价于企业的组织学习能力。从这个角度而言，在技术学习领域，通过知识产权转让而获得的知识产权与企业通过自主研发而获得的知识产权本质上是不一样的。

本书认为，只有经过企业技术学习而获得的专利技术的权利才能称为自主知识产权。对于通过购买或者转赠等方式获得知识产权的受让方而言，其在受让的知识产权基础之上，经过对相应技术的消化吸收形成新的改进技术，进而申请获得新的专利，这时知识产权受让方获得的知识产权才能被称为自主知识产权。尽管在法律上，在原协议未就改进的专利技术做出约定的情况下，转让方有权要求受让方在合理的期限内，就新专利技术与其签订专利转让合同，方可使用改进的专利技术。如果受让方在未签订专利转让合同的情况下使用改进的专利技术进行生产，转让方有权依据《专利法》要求受让方停止使用。

二、知识产权共享和知识产权独享

企业通过技术学习而获得的专利技术方面的自主知识产权可以分为两种情况：企业独自享有相关技术或者产品的知识产权，以及企业与其他企业或机构共同享有相关技术或者产品的知识产权。知识产权是人类智力劳动产生的智力劳动成果所有权，是创造者对其智力成果在一定时期内享有的专有权

---

① 我国专利法有明确规定：在原有专利技术的基础上，经过改进，申请获得的专利是新的专利，不同于原有专利技术。任何单位或者个人欲实施该专利的，应当与专利权人订立书面实施许可合同，向专利权人支付专利使用费。

或独占权。从这个角度而言，知识产权赋予了创新主体在市场经济中通过转让、共享等手段实现垄断利润的权利，也能更好地激励创新工作者进行技术创新和改造。

但是，对于创新主体而言，在进行技术或者产品的研发制造过程中，很多时候往往一家企业很难通过资金、技术、人员等的调动支持在特定时间之内完成特定技术或者产品的研发。随着全球化的深入，技术复杂性的增加，技术战略联盟成为越来越多的企业进行技术研发的平台。对于技术水平和生产能力处于优势地位的跨国公司而言，通过战略联盟进行产品和技术的共同研发，可以实现企业对未来先进技术的把握，占领未来产品和技术市场的制高点。对于技术基础薄弱的中小高新技术企业而言，通过有效的技术联盟，不仅可以以低成本获得先发优势的原有技术来源，而且可以通过技术联盟，快速地实现对现有技术的改造，从而在此基础之上可以有效地合作研发出新型的享有知识产权利益的产品和技术。

第二节　知识产权保护与技术学习战略的国际比较

在知识经济时代，知识产权对企业乃至国家的重要性显得越发重要，并上升到前所未有的战略高度。知识产权作为一种精神财富和智力成果具有流动性，而且这种流动性是可以跨越企业和国家的。在这种情况下，随着市场经济的发展以及经济全球化和国际化的深入，企业或者国家的知识产权就不可避免地通过正规或者不正规的途径流向其他企业或者国家。知识产权的流动性和地域性是矛盾的。对于企业而言，一方面想把自己生产的包含先进技术的产品销售给客户；另一方面企业又担心其他企业或者技术人员通过逆向工程、技术模仿等手段以更低的成本获得企业的核心技术，从而侵害企业的核心竞争力。对于国家而言更是如此。一方面，发达国家希望通过产品输出和技术流动将智力成果输送到国外，占领国外产品市场；另一方面，发达国家又担心发展中国家或者新兴市场对这些智力成果保护不当，造成产品和技术的无偿流失，从而在国际市场上增加竞争对手。在这种情况下，各国通过国内立法和国外公约签署等手段，对相应的知识产权进行保护。

从不同国家和企业的发展历程来看，知识产权制度的发展其实也是国家保护本国企业利益，促进本国经济文化发展的过程。这一点可以从美国、日本和韩国的知识产权制度看出。

一、侧重原始创新的美国知识产权保护制度

美国是当今世界技术创新能力最强并且最注重知识产权保护的国家。但在立国之初，美国自身的技术水平远远落后于欧洲国家。面对英国等国家的技术封锁（张真真、林晓言，2006），美国政府通过宪法保护规定了专利制度，鼓励企业技术人员的创新激情，保障专利持有人的合法利益，从而促使了企业和国家技术学习和知识产权申报的热情，同时也奠定了美国自主创新的基础。

通过宪法的保护，美国专利数量和质量呈现直线上升趋势，而且通过宽松的金融资本市场，进一步促进了企业发明向商业化的转变过程。随后，为了促进更有效率地解决技术问题，伴随着美国企业兼并重组浪潮的一些大型企业纷纷组建联合实验室，进行复杂技术的协助研发。同时，国立工程和科

研实验室也有力地推动了科研活动的发展。①

20 世纪中叶，随着美国大型工业实验室数量的增加以及技术成果商业化进程的加快，一些企业开始设置专门用于研发新技术和新产品的研发部门。在美国，专利权已经纳入了企业的创新管理体系中，并以此来衡量企业的生产运营状况以及企业自身的价值。这也使美国成为最大的技术输出国。

20 世纪 70 年代末，日本依靠国内产业政策保护以及强大的技术创新能力，对美国的一些高端技术产生了强烈的竞争性。在这种情况下，美国政府出台了一系列相关政策，从国家战略高度对国内企业的知识产权进行保护：第一，继续加大政策扶持力度，通过共享知识产权等法案，进一步加速推动知识产权专利技术的商业化程度。第二，不断加大对国内外创新者的法律保护力度，以此吸引国内外优秀的技术人才，并在很大程度上改变了美国原有的技术知识扩散形式。第三，扩大知识产权的覆盖范围至全部高新技术产业领域，从而很大程度上推动了一大批高附加值的产品和产业的发展。第四，强调专利与标准的结合。美国政府通过将专利制度和技术标准进行巧妙地结合，使其可以继续利用技术优势进而占据知识产权的有利地位。第五，在国际范围之内，美国将专利与贸易挂钩，从而试图维护美国的知识产权。美国通过《与贸易有关的知识产权协议》（*Agreement on Trade-Related Aspects of Intellectual Property Rights*，TRIPs）将很多美国技术标准强加到世贸组织各国中去，并利用"311 条款"和"337 条款"对不遵守知识产权规定的国家和地区实行贸易制裁，阻止其他国家通过出口或者不公平竞争等方式向美国出售产品，从而保护了美国的专利保护，促进了研发投入活动在美国的活跃性。

从创新的类型看，美国的知识产权保护制度重在强调企业的原始创新能

---

① H. N. 沙伊贝、H. G. 瓦特、H. L. 福克纳：《近百年美国经济史》，中国科学技术出版社 1983 年版。

力，这一点可以从其知识产权制度很重视发明专利就可以看出。在美国，专利只有发明专利和新式样两种，而对实用新型的发明则缺乏相应的保护。为了更好地保护企业的发明技术，2000 年以前美国一直采取批准公开制度，在专利获批准后才公开内容。后来虽然开始实施早期公开制度，仍保留一项选择：如果只申请美国或非早期公开国家的专利，申请人可以要求在未批准前不公开专利内容。专利申请采取发明优先的原则，且只承认在美国本土出具的证明。美国政府认为，以专利权为核心的知识产权是美国新经济的基础，也是当今美国的核心利益之一。积极实行知识产权保护制度，一方面可以对制假售假活动进行有效打击，以保证美国经济秩序的良好运行；另一方面通过积极关注其他国家的知识产权保护程度，以维护美国在全球的经济和技术领先地位。[①]

在美国，企业是研发产生核心专利技术的主体，并设立法务部专门处理知识产权相关事务，通过对创新成果的知识产权保护将创新潜力转化为市场竞争优势。一方面建立技术发明文字记录制度，记录实验过程、填写发明呈报表、决定是否申请专利；另一方面形成一整套从人员聘用、研发到知识产权申请、许可、侵权调解的完整的知识产权管理制度。政府基本上通过法令和宏观经济政策调节知识产权制度的运行，各职能部门相互独立又相互配合。专利商标局、联邦贸易委员会和联邦、州法院分别负责专利授权商标注册、依法处理与知识产权有关的不正当竞争和垄断行为、审理知识产权纠纷案件等。专利商标局和技术管理局同属商业部，受其统一部署，协调知识产权商业化问题。大学和科研机构在政府放权后成立专门的经营机构负责知识产权的转移，明确对发明人实行固定比例或累计递减的奖励制度。此外，美国高素质的专业律师队伍在处理知识产权纠纷中起到了重要的协调作用，极大地减少了当事方在知识产权商业化过程中消耗的时间和精力，促使创新成果快

---

① 雷兴长：《美国知识产权保护制度的特点分析》，《社科纵横》2007 年第 10 期。

速转化为现实生产力（见表5-1）。

表5-1 美国知识产权保护与技术协同发展对照表

时期	知识产权保护	技术发展情况
形成期（19世纪中期前）	写入美国宪法	引进英国技术，引进速度缓慢
强化期（19世纪中期至20世纪30年代）	设立专门部门，国内外差别对待	发明创造产业化、商业化
弱化期（20世纪30年代至20世纪70年代）	平衡知识产权与反垄断的关系	私营企业快速发展，原始创新能力增强
战略形成期（20世纪80年代至今）	全面加强知识产权保护	由独立研发走向联合研发、引进、改良技术全方面发展

资料来源：张真真、林晓言：《知识产权保护与技术创新路径的国际比较》，《中国软科学》2006年第11期。

二、强调实用技术的日本知识产权保护制度

日本技术水平的快速提升世人瞩目，其强调实用技术的知识产权保护战略起到了很大作用。明治维新时期，专利制度和机器设备作为日本学习外国先进技术的软硬件条件一起引入到国内。先进的专利思想开启了国民的心智，出现针对发明的改良活动。于是，日本颁布外观设计条例和实用新型法保护本国研发出来的为数众多而又达不到专利水准的技术构想（见表5-2）。此后实用新型和外观设计申请数大增，超过了专利增长速度。

表5-2 日本的知识产权保护与技术协同发展状况

时期	知识产权保护	技术发展情况
形成期（明治维新至"二战"前）	重视保护实用新型和外观设计	引进外国设备，针对发明进行改进
弱保护期（19世纪中期至20世纪30年代）	以小敌大的外围专利战略，保护民族工业	从购买设备到购买专利再到购买实验室技术，进行后期研发
强保护期（20世纪30年代至70年代）	向自主、原创型专利战略转变	制造业突起，成为技术输出大国，但原始创新和基础专利薄弱
战略期（20世纪末至今）	知识产权立国战略	技术创新、转移和知识产权制度落后

资料来源：张真真、林晓言：《知识产权保护与技术创新路径的国际比较》，《中国软科学》2006年第11期。

"二战"后，日本缺乏独立开展技术创新赶超世界先进水平的条件，通过技术引进等形式采取了模仿创新技术学习战略。为保护日本民族工业的发展，日本采取专利的弱保护策略：第一，利用行政手段阻止外国商品进口，鼓励企业围绕引进的基础性关键技术进行大量扩张性的小型研发，构筑严密的专利网，以小敌大，使欧美竞争对手有时不得不以基本专利交换日本的小型专利。第二，实行相关制度让外国不能构成发明的技术在日本申请专利，使核心技术发明人在日本转让技术的范围大大缩小。第三，实行窄范围的专利保护。如对化工、药品领域不保护或较少保护。第四，灵活运用"早期公开、延迟审查"制度。利用前者充分获取外国专利信息为本国工业所用，利用后者推迟授予外国人独占的专利垄断权以最大限度地保护本民族工业。这种以政府为主导、官民结合的完整的专利战略体系为企业从容吸收外国技术提供了制度上的便利。同时，日本一直被称为"造假天堂"，商标侵权产品到处泛滥，互联网仿制品销售火爆、无授权许可文件下载随处可见，而且亚洲和许多仿制、盗版产品正源源不断地涌入日本。为此，日本政府采取强化国内应对，严格取缔和打击各种知识产权侵权活动；及强化边境海关查处，防止侵权产品流入日本的执法力度予以应对。①

经过 20 年的追赶，日本制造业竞争力迅速提高，成为技术输出大国。但日本企业普遍注重实用技术，忽视基础性研究，其技术储备量只有美国的 1/5，在日美贸易战中处于劣势。日本专利战略开始转向自主创新。一方面保护本国市场，继续推迟对工业发展有影响的基本专利申请的审批，以使本国企业有足够时间赶超技术；另一方面进攻国外市场，在向国外输出产品或投资时采取专利先行战略，增加海外专利申请量。② 20 世纪 90 年代，日本将其

---

① 雷兴长：《美国知识产权保护制度的特点分析》，《社科纵横》2007 年第 10 期。
② 吕薇：《知识产权制度挑战与对策》，知识产权出版社 2004 年版，第 153-154 页。

经济衰退的原因归结为高技术领域里原创技术和基本专利的差距。借鉴美国经验，日本向原创技术专利战略转移：一是加大基础研究投入，增强高新技术领域竞争力；二是对国有机构放权，鼓励产学研结合向企业转移技术。

21 世纪，日本实施知识产权立国战略，全面调整在知识产权制度、技术创新和转移方面的滞后。日本的知识产权战略重点侧重两个方面：一是置身于全球化的国际视野，积极参与全球知识产权竞争，力图构建最先进的知识产权制度，提高日本的国际竞争力；二是考虑到大数据、人工智能、物联网等新技术带来的数字化、网络化社会变革，逐步加强内容产业和数字网络等新业态的知识产权保护与运用。

从日本的知识产权战略目标来看（见表 5-3），日本在第一阶段是围绕知识产权立国进行相配套政策和措施的构建。第二阶段开始定位于世界顶级知识产权制度的发展方向。进入第三阶段后，日本全球数字化网络的潮流融入知识产权制度构建的体系当中，从而强化日本在全球的知识产权竞争力。第四阶段的日本将努力推动世界知识产权制度的发展，使其跻身为制定亚洲乃至全球知识产权标准，试图引领全球的知识产权。

表 5-3　日本知识产权战略目标

时间	知识产权战略目标
2003~2005 年	1. 努力成为世界最尖端的知识产权制度； 2. 积极落实知识产权立国的政策
2006~2008 年	1. 完善创造、保护、利用、信息、人才等相关领域的知识产权制度； 2. 积极改革，制定相应的改革措施； 3. 在整体上争取达到世界上顶级的知识产权制度
2009~2012 年	1. 积极融入全球网络化的进程； 2. 强化全球性知识产权的竞争力
2013 年至今	1. 构建具有吸引力的知识产权制度，以鼓励人们积极创新和吸引来自其他国家的投资； 2. 积极构建日本的知识产权系统，使其成为亚洲等新兴国家的标准； 3. 继续培养具有创造性和战略性的全球知识产权人才

三、旨在技术引进的韩国知识产权保护制度

韩国经济起步较晚，却仅用 30 余年的时间成功跨入了发达国家行列。韩国工业化之初，生产设备和技术几乎全部依赖进口。此时，韩国限制国外直接投资，提倡通过进口资本货物等其他方式进行技术转让，这使企业不能依赖外国技术，而是积极投资于技术学习，借助技术文献、反向工程及同厂家委托生产相关的技术服务等非正式技术转让方式，对外国技术进行模仿和改进，最终形成自己的技术能力和创新成果。[1] 这期间，韩国政府修订知识产权制度为技术引进、消化吸收提供基本制度保障。1976 年，韩国国内工业产权申请量为 23927 件，是 1960 年的 8 倍。

20 世纪 70 年代，韩国扶持重化工业。国内研发投入的增加、技术能力的发展以及国际技术保护主义的出现都要求建立更严格的知识产权保护制度。为此，韩国知识产权制度开始进入国际化进程，极大地促进了国际技术转移和本国技术的学习。外国直接投资从 1967~1971 年的 2.18 亿美元增加到 1982~1986 年的 10.76 亿美元，同期专利使用费从 1630 万美元增加到 11.8 亿美元。1986 年国内工业产权申请量达 63256 件，是 1976 年的 2.6 倍。[2]

20 世纪 80 年代，韩国进入企业主导型阶段，政府扶持的大企业集团已具备相当的研发能力。韩国开始加强对企业技术创新的知识产权进行保护。比如延长专利期限，加大专利侵权的惩罚力度，加入布达佩斯条约为植物和微生物提供专利保护，颁布半导体集成电路布图设计法，修改不正当竞争法，加强商业秘密保护等。这些措施促进了以半导体、电子产品、汽车为主的高新技术产业的发展。如 LG、三星、现代等大型企业拥有大量专利及核心技

---

① 　金林素：《工业化进程中的技术学习动力》，《国际社会科学杂志》2002 年第 7 期，第 124-125 页。

② 　韩国知识产权局，http：//www.kipo.go.kr。

术，成为世界半导体行业的佼佼者。

达成 TRIPs 协议后，韩国实施全球化知识产权战略。一方面继续增加研发投入，增强自主创新能力；另一方面鼓励大企业集团对发达国家直接投资以快速获取技术能力，例如，投资收购尖端技术企业获得高技术专利使用权或与跨国公司建立战略联盟分享其尖端技术成果等。后疫情时代，韩国的知识产权制度发生了明显变化，重点加强知识产权保护、支援中小企业以及提高知识产权申请便利性。韩国政府希望通过这些变化，能够使企业快速应对环境变化，重点发挥知识产权的"火车头"引领作用，开展数字新政新时代。

为保护本国大规模的研发投资和全球技术合作的知识产权，适应企业全球化发展战略，韩国积极参与国际知识产权合作与保护规则的制定。这种情况下，韩国国内外知识产权申请量大幅增加。2020 年，韩国全球专利申请数量排名第四。2021 年，韩国工业互联网总量居全球第三位，PCT 国际专利申请量居世界第四位。这说明韩国积极的知识产权战略获得了很大的成功。

表 5-4 为韩国知识产权保护与技术协同发展情况。

表 5-4　韩国的知识产权保护与技术协同发展情况

时期	知识产权保护	技术发展情况
形成期（1960~1976 年）	基本法律保护	借助非正式技术转让模仿改进外国技术，形成自己的技术能力和创新成果
国际化时期（1977~1986 年）	按照国际标准建立严格的保护制度	付出很大成本，但技术能力和产业竞争力迅速增强
强化期（1987~1993 年）	加强对企业技术创新的知识产权保护	高新技术产业迅速发展
全球化时期（1993 年至今）	完全与国际接轨，积极参与国际知识产权规则的制定	与跨国公司合作，快速获取尖端技术

资料来源：张真真、林晓言：《知识产权保护与技术创新路径的国际比较》，《中国软科学》2006 年第 11 期。

四、对我国的借鉴意义

从美日韩三国的知识产权战略来看，政府在初期都发挥了很重要的作用。美国政府的保护主要体现在通过制度的设立保护专利申请人的利益，激发专利的商业化进程。日本和韩国政府的保护则主要体现在干预作用方面。比如日本政府和韩国政府都规定外国人或者非居住于当地的本国人须指定知识产权代理人，实行申请在先的原则。日本政府通过设立"知识产权战略会议"，由企业家、政府官员和学术界人士共同协商制定保护利用知识产权、鼓励独创性科学技术的政策及措施。韩国政府采取的则是政府集中力量扶持重点行业大企业的自主创新知识产权战略。自主创新掌握知识产权的策略。除直接关系到国家利益的项目由政府资助公共研究机构承担外，其他具有商业价值的项目，由政府和大企业合资完成。因此，韩国大企业集团拥有大部分的核心技术专利，自主创新能力快速提高；而中小企业和大学几乎没有原创性的核心专利。近年来，韩国政府通过注入商业化资金、提供专利费用减免、建立在线专利技术市场等措施援助中小企业研发、申请专利、加速技术成果商业化。

自 2019 年国务院政府工作报告中提出："过去一年，深入实施创新驱动发展战略，创新能力和效率进一步提升。"我国经历了 20 多年的发展，知识产权也取得了很大的进展，进入了一个国家知识产权战略的阶段，将致力于创新型国家的建立，而其最终目的是实现富国强民和社会进步。根据美日韩三国的经验来看，可以得出如下启示：

第一，建立适当的知识产权保护机制，灵活运用相关规定。虽然我国已经加入了 TRIPs 协议，2021 年中国国际专利申请量全球第一，但目前我国技术发展水平并未达到其按发达国家标准制定的相关政策。因此，我国应灵活运用协议中承认各国法律相对独立性的原则，在满足最低标准的情况下，建立适时的知识产权制度，最大限度地运用外国的信息和技术，如日本对"早期公开"制度的成功运用。

第二，政府的扶持。借鉴韩国经验，一方面扶持重点行业的大型企业，成为创新主体；另一方面建立畅通的专利申请、评价、转移渠道，如网上申报查询系统、专利交易市场等，减免相关专利维护费、信息费用，资助真正有市场潜力的专利项目，为中小企业创新成果的转移提供便利，产生创新的动力。

第三，强化企业和大学、科研机构的知识产权意识，专司管理，将专利申请量和技术转化率作为绩效考核的标准之一，增强相关主体进行技术创新和转移的责任心。

第四，重视对中小高新技术企业知识产权的保护力度。尽管重点行业的大型企业是国家经济发展的重要推动力，但对于为数众多的中小高新技术企业而言，政府也应该重视其在自主创新方面的重要性，通过产业政策或者公共政策引导其快速发展。

第六章　基于创业板和科创板上市公司数据的分析

尽管企业的规模和类型不同，但无论哪一种类型的企业，一般都可能经历孕育期、求生存期、高速发展期、成熟期、衰退期和蜕变期。对于我国中小高新技术企业而言，同样可能经历这六个阶段。但是中小高新技术企业自身高风险性和高成长性的特点也使目前大部分中小高新技术企业仍然处于孕育期、求生存期和高速发展期。

第一节　数据来源及分析

为了更好地刻画中小高新技术企业在不同成长阶段的技术学习战略选择，本书在对截至 2020 年 12 月 31 日创业板和科创板 1106 家企业进行分析的基础上，对企业技术学习战略、技术学习模式、技术学习环境以及技术学习动机进行了相关性分析。由于技术自身的敏感性以及知识产权涉及的保密性等问题，本书通过分析其在创业板和科创板上市的招股说明书以及企业网站的相关材料，对相关企业的数据进行了剔除，从而得出符合要求的856家中小高新技术企业。①

本书在对856家中小高新技术企业成长阶段、技术学习投入、技术学习结果预期、技术学习形式、技术学习战略、技术学习模式、技术学习过程遇到的最大障碍七个方面进行分析（见表6-1）。

表6-1　中小高新技术企业成长阶段技术学习战略指标分析

一级指标	二级指标
企业成长阶段	经营范围
	产品类型
	成立时间
	企业人数
	三年年增长率（2018~2020年）
	三年复合年利率增长率（2018~2020年）
	对企业单个人的依赖程度
技术学习投入	2018~2020年企业研发费用比重
	技术人员比例
技术学习形式	与企业合作形式
技术学习结果预期	是否具有知识产权
	是否具有专利技术
技术学习战略	五种技术学习战略
技术学习模式	五种技术学习模式
研发过程遇到的最大障碍	资金、技术、管理等方面

对于中小高新技术企业而言，企业的成长阶段更多的是孕育期、求生存期和高速成长期三个阶段。为了更好地刻画企业的成长阶段，本书选择了经

①　随着企业的不断成长，企业会从小企业发展成中型企业，甚至会成长为大型企业，这也符合企业的生命周期。本书界定的中小企业指的是企业上市当年的员工人数符合中小企业标准即可。

营范围、产品类型、成立时间、企业员工人数、三年年增长率、三年复合年利率增长率等指标作为考察对象，同时结合高新技术企业的特点，增加了企业对单个人的依赖程度作为相关衡量指标。

对于中小高新技术企业而言，技术学习投入是企业在孕育期、求生存期和高速成长期实现企业成长的关键投入变量。本书选择企业2018~2020年三年的研发费用比重和技术人员比例作为衡量中小高新技术企业技术投入的两个关键变量。虽然研发费用比重和企业所在的行业有一定关系，但总体而言，研发费用比重和企业技术学习战略有很大关系。为了更好地刻画中小高新技术企业的技术学习，本书还选取了技术学习形式指标，该指标衡量了中小高新技术企业在所在行业中的地位以及在所在产业价值链中的作用。

技术学习预期同样包括两个二级指标。其中，是否具有知识产权还可以细分为一般意义的知识产权和自主知识产权；是否拥有专利技术是在企业拥有自主知识产权的前提下的进一步考核。

中小高新技术企业的技术学习战略仍然包括拿来主义战略、被动模仿创新战略、主动模仿创新战略、技术能力领先战略和生产能力领先战略。但是对于孕育期、求生存期和高速成长期的中小高新技术企业而言，技术学习战略主要包括拿来主义战略、主动模仿创新战略、被动模仿创新战略和技术能力领先战略。技术学习模式则包括"引进—模仿—创新—生产"模式和"引进—创新—生产"模式，其中，"引进—模仿—创新—生产"可以进一步细分为"引进—模仿""引进—模仿—创新""引进—模仿—创新—生产"三种技术学习模式，"引进—创新—生产"模式可以进一步细分为"引进—创新"和"引进—创新—生产"两种技术学习模式。

本书正是在这样的分析框架之下，对中小高新技术企业成长阶段的技术学习战略进行了相关分析。其中，第二节分析的是孕育期中小高新技术学习战略；第三节分析的是求生存期中小高新技术企业技术学习战略；第四节分析的是高速成长期中小高新技术企业技术学习战略。

第二节　中小高新技术企业孕育期的技术学习战略研究

对于中小高新技术企业而言，企业的孕育期指的是企业投资者或者企业创始人根据市场目前需求或未来需求，进行产品或技术投资方向选择的一个阶段。这个阶段，企业不仅需要对企业产品的形式、经营的模式、企业运行的方式等问题进行思考和初步定位，同时还需要考虑企业的选址、可行性方案设计以及技术发展的资金投入。在中小高新技术企业孕育期，企业的技术人员决定了企业的发展方向，这个时期由于缺乏专业的职业经理人，企业只能更多地关注企业产品的技术层面。而且，企业产品和技术等方向的不确定性使对企业进行投资的社会资本很少，但这个阶段正是企业需要大量资金投入的阶段。因此在这种情况下，企业在孕育期将会经历更多的失败。

对于孕育期的企业而言，企业的可塑性很强，企业产品方向、工艺技术装备、企业规模以及企业场地的选择余地都很大，而且对企业以后发展影响甚大。但是这个时期的企业，尤其是中小高新技术企业，需要大量的资金投入，但是却没有实体形式的产品。在这种情况下，对于中小高新技术企业而言，技术学习的来源一般为外部，对技术学习的态度往往是主动学习。在孕育期，企业的技术学习方式更多的是单独学习形式。这是因为企业并不是独立的实体，很难与其他企业进行合作。而且，企业自身技术尚不成熟，产品尚未生产，产品未来的发展方向都没有明确，在这种情况下，与其他实力强的企业进行合作时往往会损害企业自身的利益。

当中小高新技术企业处于孕育期时，企业对技术学习的预期效果与企业技术学习来源、技术学习态度有很大关系。当中小高新技术企业选择的技术是直接从国外引进或者经国外授权在国内进行生产时，虽然该技术在国内仍然是新技术，该企业仍然是高新技术企业，但是该企业并没有获得相应的知识产权，而且企业进行技术学习的态度是一种被动的形式。这种情况下，中小高新技术企业进行技术学习的动机也往往是为了盈利，并不是为了技术学习自身的有效性，更不是为了获取在未来产品市场上的主动性。

对于孕育期的中小高新技术企业而言，除了技术的直接引进之外，更多的企业会选择主动模仿创新。企业进行技术学习战略选择的动机更多的是为了追求技术学习自身的有效性，从而形成自主知识产权。此时，技术学习来源仍然是外部的，但企业不再是被动地接受外来技术，而是在对外来技术进行消化吸收的基础上，根据企业自身特点和市场需求进行相应的技术改进和改良。

尽管对于中小高新技术企业而言，孕育期企业的首要任务仍然是生存，但是有些资金实力比较强的企业，会选择技术能力领先战略。此时，企业进行技术学习的来源包括企业外部用以引进消化的技术，同时还包括依托企业现有资源进行再创新的已有技术。中小高新技术企业的规模以及资金等特点，决定了那些有能力选择技术能力领先战略的企业往往有雄厚的资金实力或雄厚的技术实力。比如，作为代表中国政府提出 TD-SCDMA 技术标准的大唐移动公司在孕育期依托当时大唐电信科技产业集团（2018 年，武汉邮科院和电信科研院实施联合重组为中国信科集团）的资金支持，选择了技术能力领先战略，通过依靠内部科技人员的努力和技术学习，大唐移动成功地在 3G 领域实现了领先。目前，大唐移动通过 3G、4G 的发展，已经成为 5G 国际标准的主要贡献者、移动通信网络设备和服务的核心供应商，并在通信设备、仪表、规划、器件等方面进行了全面布局。同步开始规划研究 6G 核心技术、天地一体化、全息 MIMO、网络内生安全等，保持技术领先趋势和竞争力，为行业专网的发展战略长期储备技术和人才。

处于孕育期的中小高新技术企业，对技术和产品方面的可塑性很强，具有较大的不确定性，这也使孕育期的中小高新技术企业选择的技术学习战略具有较大的随意性。从战略与环境的关系看，企业对外部所处的环境认识不清，也导致了处于孕育期的中小高新技术企业技术学习战略带有很大的随意性。

第三节　中小高新技术企业求生存期
技术学习战略研究

一、中小高新技术企业求生存期的特点

当企业进行登记注册，正式开始营运后，企业便进入了求生存阶段。与其他类型企业相比，中小高新技术企业在求生存期阶段具有一些独特的特点：

第一，与其他类型企业一样，处于求生存期的中小高新技术企业整体实力较弱，对其他相关企业的依赖性很强。在企业的创业初期，企业的人力、物力和财力都比较薄弱，新产品或者相关技术尚未在市场得到认可，作为高新技术的企业形象也没有树立起来，对供应链中其他厂商的依赖性很强。因此，在这个阶段，中小高新技术企业的独立性是比较差的，求生存是企业的最主要目的。为了实现生存，越来越多的中小高新技术企业选择依赖大企业

或者政府。许多中小高新技术企业都是大企业的卫星厂，通过与大企业建立联盟的方式实现自己资金和技术水平的快速积累。

第二，处于求生存期的中小高新技术企业产品方向很不稳定，企业进行生产转型的概率很大。市场需求的变化，激烈的竞争以及企业所选择的技术自身的不确定性等特点，都决定了中小高新技术企业在这一阶段有很高的不稳定性。由于刚刚开始运营，较差的工作环境和一般的工作人员有较少的教育培训等弱点，也导致企业生产创新能力的低下。

第三，处于这一时期的中小高新技术企业创新精神和创新动力是非常强的。对于中小高新企业而言，为了能够生存，企业肯定会牢牢把握技术学习的任何机会进行学习，并将这种技术学习转化为成功率较高的产品生产率。因此，这一时期的中小高新技术企业尽管创新的失败率很高，但创新的动机却是很高的。我国中小企业提供了全国约66%的专利发明、74%以上的技术创新、82%以上的新产品开发。① 而这其中，中小高新技术企业又占了很大一部分比重。

第四，求生存期的中小高新技术企业发展速度不稳定。一方面，企业的规模小使企业经营方式更为灵活；另一方面，这一时期的企业为了生存，尽管采取了技术学习等战略，但是产品的特点比较单一，一旦技术市场或产品市场发生变化，就会对中小高新技术企业的发展带来严重打击，甚至可能出现负增长乃至倒闭。

第五，高新技术企业破产率很高。中小高新技术企业在求生存期往往缺乏长远而又缜密的战略思考，对技术学习和产品创新所需要的研发人员和研发资金的需求也匮乏，难以购买到国内外先进的相关设备和原材料，经营不

---

① 辜胜阻：《中小企业是自主创新的生力军》，http：//news. xinhuanet. com/theory/2009 - 10/13/content_ 12221576. htm。

正规等问题，使企业在这一阶段破产率很高。据统计，美国的中小企业也约有 68% 在 5 年内倒闭，我国约有 90% 的私营中小企业在 4~5 年消失。

二、中小高新技术企业求生存期技术学习战略分析

对于求生存期的中小高新技术企业而言，企业在进行技术学习时，选择技术学习战略最直接的目的是获得生存。在这种情况下，大多数中小高新技术企业会选择技术的引进等模式实现企业的生存，并在此基础上实现企业的自主创新。但也有一些中小高新技术企业会直接从一开始就选择原始创新的模式，一旦这种技术能力领先战略得以实施并取得成功，中小高新技术企业就会实现快速发展，并实现企业规模的扩大和快速成长。

对于中小高新技术企业而言，在求生存期，企业更多的是选择拿来主义技术学习战略和被动模仿创新战略。因为这两种战略给企业带来的短期利润是很高的，而且技术发展成功率是很大的。尽管从长期来看，这种技术学习战略的选择会给企业带来更大的成本，不利于企业的长期发展。但在生存第一的阶段，对多数企业来说，选择拿来主义战略和被动模仿战略是理性的选择。

对于资金实力比较强的企业而言，企业可以根据自己资金和技术实力选择技术能力领先战略。在内地创业板上市的多数技术型企业都选择了这一战略。也可以说，正是因为这些企业拥有了一定的技术水平，才使企业可以得到更多的融资和资本市场的认可。对于这类企业而言，技术学习战略先于企业成立似乎更为恰当。虽然技术能力领先战略的特点使企业技术成功率很低，技术发展成本很高，给企业带来的短期利润也比较低，不利于企业的生存，但是这些企业成立的特殊性使企业成立后可以得以快速的发展。比如生产集成电路和电能表的福星晓程和生产电子传感器的汉威电子，正是凭借企业成立之初已经拥有的、通过原始创新方式获得的领先技术能力，实现了企业的快速发展。目前，这些企业基本都已经进入了高速成长期。

第四节　中小高新技术企业高速成长期技术学习战略研究

一、中小高新技术企业高速成长期特点

对于处于高速成长期的中小技术企业，企业的规模已经多数为中等规模或正在由小型企业向中型企业发展。这一阶段的企业基本特点如下：

1. 企业发展速度持续稳定增长

尽管受 2018 年金融危机，2019 年至今的疫情影响，但创业板企业的发展速度仍然保持持续稳定，创业板公司从 2008~2020 年，连续 12 年维持较高速增长，毛利总额增长 10% 以上，与收入增速相当。2018 年创业板企业的营收收入增长 15.9%，2019 年营收收入增长 13%，2020 年营收收入增长 7.3%。面对突如其来的疫情和复杂多变的形势，创业板上市公司 2020 年营业收入不降反增，这和中国正向增长的 GDP 相互呼应，彰显了我国经济的韧性和企业的实力，平均实现营业收入 21.16 亿元，同比增长 7.3%，平均实现净利润 1.35 亿元，同比增长 43.00%，净利润增速达近年来最高水平。

2. 企业实力增强

企业在高速成长期后，生存问题已经基本解决，公司逐步建立了规范的组织结构，公司治理结构不断改善，财务等方面不断透明，企业员工尤其技

术人员增加，企业的规模也会不断扩大。企业进行融资筹资的能力也不断增强，一些绩效优质的企业会通过创业板或者科创板等上市渠道获得更多资本市场的认可，进一步拓展企业发展的空间。在 856 家中小高新技术企业中，都已经建立了相对完善的治理结构。

3. 企业支柱产品基本定型

在高速成长期，中小高新技术企业的产品方向已经确定，并已经形成了自己的主导产品，这些主导产品的销售收入已经占企业产品销售收入的70%~100%。①

4. 创造能力强，以核心技术为依托，进行外延的自主开发

有85%以上的企业都是同时进行两项及以上的技术和产品的研发，并且其中106 家企业已经明确表示 2~3 年产品即可进入小批量生产阶段。②

5. 企业技术学习和研发的专业化水平不断提高，技术学习和研发的形式多样化

尽管在这一阶段，有些企业的核心产品种类比较单调，但是为了开发更多的相关核心产品，高速成长期的中小高新技术企业已经开始将产品和技术研发进行正规化分解，并已经通过常识外包等手段进行研发和产品生产效率的提高。这一点在技术人员比例低于 10% 的企业中较为常见。此外，随着产品的不断成熟和升级发展，企业也选择了和其他企业或科研院所的合作形式实现新产品或新技术的开发，从而缩短新技术或新产品的开发时间。

6. 企业研发费用比例保持稳定增长

进入高速成长期后，中小高新技术企业也逐步正规化，随着财务制度的

---

① 这个时期的企业产品品种仍然比较单一，这也是造成企业主导产品销售收入占企业产品销售收入比重高的原因之一。疫情对生物制药企业的显著影响，中美贸易摩擦对芯片类企业的显著影响，都证明了这一点。

② 没有特殊说明的话，本书统计时间都是 2018~2020 年。

建立以及管理结构的正规，企业的研发费用也实现了稳定。2020 年，科创板、创业板上市公司研发强度分别为 8.82% 和 4.49%，明显高于市场平均水平，研发投入高的企业业绩表现更好。据统计，科创板公司 2020 年全年合计投入研发金额 384.18 亿元，同比增长 22.61%。其中，中芯国际、君实生物、中国通号等 15 家公司研发投入超过 5 亿元；寒武纪、金山办公等 8 家公司连续两年研发投入占比超过 30%。创业板公司总研发投入 983 亿元，同比增长 12%；其中宁德时代、迈瑞医疗、深信服、汇川技术、欣旺达、蓝思科技等公司研发投入超过 10 亿元。研发费用比例稳定增长的直接效果体现在新增专利方面。科创板公司 2020 年全年合计新增知识产权 16300 项，其中发明专利达到 4500 项。创业板公司拥有与主营相关的核心专利技术 11 万余项，近六成公司的产品和技术实现了进口替代，解决一批"卡脖子"技术难题。

二、中小高新技术企业高速成长期技术学习战略

创业板和科创板已经成为创新创业企业的聚集地，根据东方财富的统计，截至 2021 年 8 月 20 日，高新技术企业 925 家，占比 91%。科创板更是如此，高新技术企业认定是申报科创板重要的考量条件。高新技术认定企业并不一定都是符合科创板定位的，但目前科创板上市公司基本都是国家高新技术企业。

按照科技部、财政部和国家税务总局颁布的《高新技术企业认定管理办法》（国科发火〔2016〕32 号），本书对 856 家企业重新对行业分类进行了划分（见表 6-2），根据前文对企业技术学习战略的五个分类以及技术学习模式的分类，可以得出以下结论。

表 6-2　856 家创业板、科创板中小高新技术企业技术学习战略选择

企业所属行业	数量（家）	企业技术学习战略	技术学习模式
电子信息技术	246	技术能力领先、主动模仿创新、被动模仿创新	引进—模仿—创新—生产、引进—创新、引进—创新—生产
生物与新医药技术	169	技术能力领先、主动模仿创新、拿来主义	引进—模仿—创新—生产
航空航天技术	12	技术能力领先、主动模仿创新	引进—模仿—创新—生产
新材料技术	35	技术能力领先	引进—创新—生产
高技术服务业	171	技术能力领先	引进—模仿—创新—生产、引进—创新、引进—创新—生产
新能源及节能技术	148	技术能力领先、主动模仿创新、拿来主义	引进—模仿—创新—生产、引进—创新、引进—创新—生产
资源与环境技术	48	技术能力领先、主动模仿创新、拿来主义	引进—模仿—创新—生产、引进—创新、引进—创新—生产
高新技术改造传统产业	27	技术能力领先、主动模仿创新、被动模仿创新	引进—模仿—创新—生产、引进—创新

资料来源：笔者根据相关资料数据整理。

第一，在高速成长期，企业技术学习战略的选择与企业所处行业没有必然联系。就技术学习战略而言，一般而言，医药行业的企业更多会选择技术能力领先和主动模仿创新。电子通信行业的企业在高速成长期则会在技术能力领先战略、主动模仿创新战略以及被动模仿创新战略之间进行选择。化工行业的企业更多地会选择技术能力领先战略。

第二，高速成长期的中小高新技术企业技术学习战略选择与行业的技术特点有较为密切的联系。环境决定企业战略选择，企业所处行业的技术环境也决定了企业技术学习战略的选择问题。对于中小高新技术企业而言，产品技术已经成熟或者技术研发周期较长的情况下，企业更多的是选择主动模仿创新战略。在产品技术已经成熟的情况下，为了更有效地掌握产品的核心竞争优势，一些企业也会将相关产品的开发外包给其他企业或机构，属于一种变相的"拿来主义技术学习战略"。而对于产品相对不成熟而且研发周期较短的技术而言，企业更多地会选择技术能力领先战略。创业板企业美亚柏科是国内电子数据取证行业龙头企业、公安大数据领先企业、网络空间安全和社会治理领域专家，公司拥有自有技术内核、四大产品方向和相关基础支撑服务产业，公司将大数据和人工智能两大先进技术融入擅长和专注的电子数据取证、网络安全以及开源情报三大技术，衍生出网络空间安全、大数据智能化、网络开源情报和智能装备制造四大产品方向。自 2019 年被美国纳入"实体清单"后，立即推出"破冰计划"，加速国产化研发进程。现已形成稳定可靠的电子数据取证装备和大数据平台国产替代方案，并实现"卡脖子"关键技术突破。

第三，高速成长期中小高新技术企业的技术学习战略选择与企业的技术人员比例有较为密切的关系。在 856 家企业中，2020 年技术人员比例在 10% 以下的企业中只有 44 家选择了技术能力领先战略，其余 86 家都选择了主动模仿创新战略。技术人员比例在 10% 以上的 726 家企业中，基本每家企业的技术学习战略中都包含了技术能力领先战略。

第四，大多数高速成长期的中小高新技术企业在进行技术学习时，更多地选择与高校或者科研院所进行合作研发，而较少与企业进行合作研发。尽管 2008 年首批上市创业板的 28 家公司中没有高校高科技企业的身影，但随着教育部的引导以及高校或者科研院所的支持，越来越多的企业选择与高校或者科研院所进行合作研发，这种情况在生物与新医药技术、电子信息技术、新能源及节能技术等产业表现得更为明显。在 856 家中小高新技术企业中，221 家企业与高校或科研院所合作，甚至还有 16 家公司是由科研院所转制而来的。这其中主要的原因可能在于在知识产权背景下，处于高速成长期的高新技术产业越来越看重自主知识产权的问题。在与企业的合作中，道德风险、逆向选择风险以及契约不完备带来的风险要高于企业与高校或者科研院所之间合作所带来的风险。

第七章　大唐移动成长过程
技术学习战略

　　2000 年 5 月，由大唐电信科技产业集团（以下简称大唐集团）代表中国政府提交国际电联（ITU）的 TD-SCDMA 标准，经过十余年的技术学习和不断创新，已经完成了标准的专家组评估、ITU 认可与发布、与 3GPP 体系的融合、新技术引入与创新等一系列的国际标准化工作，并通过与不同电信厂商结成产业联盟来不断完善 TD-SCDMA 产业链。在此基础上，TD-SCDMA 标准已经成为由中国提出的，以中国知识产权为主的、被国际上广泛接受和认可的第三代移动通信国际标准。TD-SCDMA 在中国移动的网络体系中，是一个承上启下的存在。因为中国移动有一张非常强大的 GSM 网络做语音业务支撑，同时 TD-LTE 网络的平均网速又比 TD-SCDMA 提高几十倍，因此做好向 TD-LTE 的后向兼容是 TD-SCDMA 在中国移动跳过 HSPA+阶段，直接做 TD-LTE 之后的市场定位，关键的一点是，这三个技术都是在 TDD 模式上的技术，如果没有第一块基石——TD-SCDMA，也就不会有后来的 TD-LTE 和现在的 5G。

　　在这个大的背景下，研究大唐集团在成长过程中的技术学习战略，不仅可以有效地对创业板和科创板中小高新技术企业技术学习战略进行有效的补充，同时在很大程度上可以揭示从 2G-3G-4G-5G 的技术发展过程中，大唐集团随着生命周期的不同而采取的技术学习战略。

尽管同为第三代移动通信技术，与 WCDMA、CDMA2000 比较，TD-SC-DMA 在网络性能、功能上确有不足，这种现实差距是存在的。造成这个差距的原因是多方面的，最主要的是产业基础不足。TD-SCDMA 是系统性技术，从网络到终端、芯片、测试仪器仪表都要支持 TD-SCDMA 技术才能使用，整条产业链中不能有断点。而在这些环节中有雄厚实力的主要是海外企业，它们在 TD-SCDMA 产业发展前期都采用观望态度，这对中国的移动通信产业创新是一个巨大的挑战，整个创新链条都要有国内企业可以支撑，否则有一点"卡脖子"，整个链条都会"窒息"。

系统性创新的难度是整个产业界之前没有预料到的，一些薄弱环节的补足需要长期的积累。例如终端芯片，中国自 3G 之后做 TD-SCDMA，才有了自己的芯片企业，展讯、锐迪科、大唐联芯、华为海思等一批芯片企业开始市场起步。但是直到现在，在终端芯片市场取得最大利润的依然是美国企业。此外，通过发展 TD-SCDMA，国内产业界对关键器件的重要性有了深刻认识，这在之后产业政策的制定中发挥了关键作用。在 5G 频率路线的选择上，我国先期建网从 6GHZ 以下开始，一是考虑到毫米波在实际应用中还有诸多挑战；二是我国在毫米波射频器件上还需要时间进一步成熟。2015 年开始，中国移动部分省份开始将 TD-SCDMA 基站退出网络，与其他两个 3G 标准相比，时间要早一些，但这并不意味着 TD-SCDMA 的失败。TD-SCDMA 在中国移动的网络体系中，是一个承上启下的存在。如果没有第一块基石——TD-SCDMA，也就不会有后来的 TD-LTE 和 5G。

在前文分析的基础之上，本章通过分析大唐移动 20 余年的成长阶段，试图具体刻画不同成长阶段大唐移动所采取的技术学习战略，对中小高新技术企业不同成长阶段尤其是求生存期和高速发展期以及成熟期的技术学习战略进行案例分析。

第一节　大唐移动发展历程

大唐移动通信设备有限公司（以下简称大唐移动）于 2002 年 2 月 8 日在北京注册成立，并形成以北京为总部，西安、上海分设分、子公司的组织架构，是大唐电信科技产业集团的核心企业之一。大唐移动集中了电信科学技术研究院内部从事移动通信技术开发及产品产业化的优质资源，凭借原有的技术积累和技术研发基础，实现了企业在第三代移动通信技术标准——TD-SCDMA 上的自主创新。大唐移动在全力推进 TD-SCDMA 系统及终端产品大规模商用化工作的同时，通过强化中间技术成果的有偿转让及知识产权的授权许可，在保证 TD 产业链价值最大化的同时，积极延伸相关产业链相关技术及应用产品，力图成为技术创新型的设备提供商。

自 1998 年开始申请 TD 标准到 2002 年大唐移动的成立，再到 2009 年 3G 牌照的正式发放，大唐在十余年时间，经历了中小高新技术企业的孕育期、求生存期，并在 2010 年前后进入了高速成长期。企业的规模也从只有数十人的小企业发展到 2005 年的 1000 人左右的中型企业，目前已拥有近 3000 人的，研究生学历占 60%，并会聚了众多国内外知名的通信技术专家。大唐移动始终秉承"以先进的技术、优良的服务为客户创造价值"的宗旨，以客户需求为导向，持续在产品研发、供应链管理、工程服务等环节开展组织变革与流程优化，以精细管理、规范运作，实现企业的稳健、可持续、平衡发展，为客户创造价值。

因为种种原因，大唐移动的技术发展并不如最初预期的好，甚至从 2015 年开始，中国移动已经开始将 TD-SCDMA 基站退出网络。这其中，既有外部大环境的影响，但也有大唐移动技术学习战略的因素。2018 年，由武汉邮电科学研究院与电信科学技术研究院联合重组成立中国信息通信科技集团有限公司（以下简称中国信科），2020 年 10 月，中国信科整合旗下移动通信业务，通过国有股权无偿划转方式受让大唐移动 100% 的股权，视为中国信科报告期重大资产重组，两家企业均受国资委实际控制。与此同时，电信科学技术研究院与大唐控股将其持有的通信相关的 8118 件专利（含尚未授权）及非专利技术等资产无偿划转至大唐移动。通过重组，大唐移动希望在 5G 时代能在技术层面赶超华为和中兴。

从 1998 年开始申请 TD 标准至今，大唐移动在 20 余年的发展期间，经历了孕育期、求生存期、高速成长期和成熟期（转型期）四个阶段。

一、申请 TD 标准的企业孕育期（1998~2001 年）

在最初阶段，欧美厂商垄断了对原有标准体系下的无线通信产品的技术掌握，加上缺乏在无线通信领域相应的领先技术，中国当时的企业很少涉足无线通信产品的研发。但作为未来全球最大的无线通信市场，中国应该有自己的无线通信标准，而且中国的用户也应该使用更为先进的无线通信技术。怀着这种理念，中国在美国得州奥斯汀市的留学生成立了美国希威尔公司，并在随后与中国电信研究院合资成立了致力于开发新一代无线通信系统产品的北京信威公司。该公司于 1995 年开发出一套 SCDMA 技术，并以此为技术基础衍生出了 SCDMA WLL。

1998 年讨论未来中国 3G 标准的命名时，相关部门结合 SCDMA 的技术原理，考虑到标准的国际通用性以及国际组织的支持性，将 TDD 制式引入 SC-DMA 技术中，并将中国提出的 3G 标准成为 TD-SCDMA。从此，这 7 个字母就深深扎根于中国，走向了世界，并标志着中国由电信大国向电信强国的艰难转变。

TD-SCDMA 中 SCDMA 是同步码分多址技术的英文缩写，TD 是时分的英文缩写。SCDMA 的 S 还有另一种解释：S 是指智能天线（Smart Antenna）、同步码分多址（Synchronous CDMA）、软件无线电（Software Radio）和同步无线接入协议（Synchronous Wireless Access Protocol）。这 4 个"S"正代表了 SCDMA 的核心技术。其中，同步无线接入协议方法和设置是徐广涵、李世鹤等于 1998 年申请的专利；而智能天线、同步码分多址以及软件无线电等技术则是对原有技术的学习和创新。通过对这些技术进行学习和创新，大唐移动已经将这些组织外部的显性知识螺旋式上升到组织内部的隐性知识，使其发挥更大的效应。例如，智能天线和同步码分多址的结合使智能天线算法得以简化。TDD 和同步码分多址的结合将简化功率控制，而功率控制是 IS-95 异步 CDMA 的老大难问题。同步码分多址和智能天线技术的结合使单基站可以对终端定位，实现可靠的接力切换。

从 1998 年开始申请 TD 标准到 2000 年被国际电信联盟接受成为 3G 标准，甚至直到 2002 年大唐移动正式成立之前，中国的 TD-SCDMA 产业化工作主要依靠大唐集团。这个阶段，大唐移动虽然已经拥有了部分的核心技术和相关专利，但是技术自身的敏感性以及知识产权等问题也阻碍了企业的进一步发展，而且这一时期资金的投入量非常巨大，缺乏实体形式的产品。为了 TD-SCDMA 的发展，大唐移动开始进入了依靠产业联盟和商业模式创新的企业求生存期。

二、以创新和联盟为主要形式的企业求生存期（2002~2008 年）

为了更好地促进 TD 产业链的发展，顺利实现 TD-SCDMA 从技术研发到产品商用化的过渡，大唐移动在产业层面进行了产业联盟的协作，以推动 TD 产业化的成功。

为了生存，大唐移动与其他企业尤其是 TD 产业链中其他企业进行合作，通过结成联盟伙伴关系，稳定企业的营业收入，确保企业生存所需要的资金和产品。2002 年 2 月，大唐移动在北京注册成立。为了生存，大唐移动从 2002 年 5 月到 9 月，企业的高层管理人员从惠州、深圳、广州、杭州到北京，在预先选定的九家企业中逐个游说，希望其加入 TD-SCDMA 产业联盟。为了鼓励大家加入产业联盟，大唐移动的控股方大唐电信科技产业集团许诺愿意就现有的知识产权做免费交叉许可。最终在 2002 年 10 月，由大唐集团、华为、中兴在内的 8 家企业作为发起单位，共同签署了致力于 TD-SCDMA 产业发展的《发起人协议》。此时也代表着我国 TD-SCDMA 迎来了一个重大里程碑：我国第一个具有自主知识产权的国际标准 TD-SCDMA 终于获得了产业界的集体响应。

自 2002 年正式成立，TD 产业联盟已六年有余。从最初的单枪匹马到后来的合作共赢，大唐移动实现了从技术导向到产品导向的转型。市场选择 TD-SCDMA，并不是选择一种技术或一家企业，而是选择一个完整的产业链。TD-SCDMA 在产业链打造上一直遵循开放的原则，TD-SCDMA 产业联盟需要根据产业化发展的实际水平，并在平衡联盟内部各企业间竞争实力对比的基础上，通过开放的知识产权环境促进 TD 产业的发展和壮大。

为了促进 TD-SCDMA 网络应用研究的进一步深入，TD-SCDMA 产业联盟（TDIA）与移动多媒体技术联盟（MMTA）展开了战略合作。在 TDIA 与

MMTA 战略合作中，TD-SCDMA 产业联盟将利用其联盟成员在 TD-SCDMA 系统网络接入设备、终端（硬性）方面对标准和技术的深刻了解和开发经验，进行整合推广；移动多媒体技术联盟则主要负责实际应用开发（软性）方面的技术和标准的整合推广。

三、不断探索商业模式创新的企业高速成长期（2009~2017 年）

2009 年 1 月 7 日，工业和信息化部为中国移动、中国电信和中国联通发放三张第三代移动通信（3G）牌照，此举标志着我国正式进入 3G 时代。对于大唐移动而言，也标志着其进入了不断探索商业模式创新的企业高速成长期。大唐移动的员工人数已经维持在 3000 人左右，企业的实力得到了增强，企业在 TD 方面的核心技术产品已经开始商业化，并已经成为企业发展的重点和核心。通过引进第三方资本，大唐移动的治理结构正在逐步完善，现代企业制度正在逐步建立健全，企业未来的成长战略也有了较为清晰的界定。从技术层面而言，大唐移动在努力实现 3G 相关产品商业化的同时，也在不断进行 4G 等相关技术标准的学习和申请工作，企业的技术创新效率不断提升，已经发展成为中型高新技术企业，并步入高速发展期。

作为一家成长型企业，大唐移动拥有一支优秀、成熟的专业技术队伍，其中包括国内外知名的通信技术专家；公司管理团队经验丰富，其主要成员都具有技术与经营管理两方面的优势，不仅对 TD-SCDMA 及未来移动通信技术走向具有独到的见解，而且对中国移动通信市场具有深刻的把握和成熟的运作经验。这些优秀的人力资源使大唐移动在移动通信领域积累了丰富的技术知识和技术能力，从而推动大唐移动在 3G 领域持续保持领先的创新水平。

在 3G 时代，大唐集团探索了一条"从技术标准入手，然后开发产品，继而推动产业形成专利，再由专利辐射整个行业，提升整个行业水平后占据国内市场"的产业创新之路。但是在具体的执行过程中，特别是大唐移动的战略发展上却出现了内部分歧。按照当时的战略规划，大唐集团要走轻型工业化道路，推动技术创新与低成本规模制造相结合，打造完整的产业链。在系统设备方面，大唐集团选择了上海贝尔、烽火等几个伙伴形成了大唐移动系，设备基本上是由合作伙伴来提供；在芯片层面，大唐集团整合成立了联芯科技，甚至还入股了当时处于低潮的中芯国际；在终端方面，大唐集团则是通过旗下另外一家公司大唐电信股份进行了布局。

但是由于联芯科技管理层对于智能手机的爆发期明显误判，在芯片产业化迎来爆炸性增长的时候掉队了。在系统设备领域，在 TD-SCDMA 网络部署初期，中兴系和大唐移动系处于双寡头地位，但伴随着华为的强势进入，大唐移动市场份额开始出现下滑。在与一众地方运营商的磨合中，大唐移动才发现，只有标准、技术是不够的，网络交付能力更加重要，不过这在后来得到了极大的改善。作为我国 5G 技术与产业的中坚力量，大唐移动从 2012 年开始投入 5G 研究工作，目前拥有序列齐全、功能完备、形态丰富的 5G 商用产品，可全面支持 SA 和 NSA 两种组网方式。通过"宏站+微站+皮站，高低搭配等"多种形式组合，打造立体覆盖网络，助力运营商精准、快速、低成本地解决室内外多种场景覆盖问题。

在 5G 典型创新应用方面，大唐移动联合产业链合作伙伴，从多行业应用角度切入，围绕 5G 三大典型应用场景，全力布局与 5G 强结合的 10 大应用领域，形成各具特色的业务解决方案，包括融合传媒、智慧教育、智慧旅游、智能安防、智能网联汽车、智能制造、智慧电力、智慧医疗、智慧城市和产业园区等领域，形成"定制化"端到端 5G 解决方案，并携手相关垂直行业龙头企业以及运营商推动相关典型 5G 应用落地。

大唐移动已具备完善的车联网产业链，尤其在车载 V2X 终端、安全高效交通管理、智能车辆感知、应用大数据等方面具有领先优势。

与此同时，大唐移动还联合各方合作伙伴探索 C-V2X 商业模式，并提出了包括运营商、车企、行业业主、交通管理、应用服务商的网联智能汽车产业生态"共赢之轮"。随着 5G 的到来，大唐移动正不断推出面向 5G 车联网的业务应用，驱动智能网联车辆产业发展并赋能产业链，将产品、应用、系统、平台整合起来，提供给产业合作伙伴更多样的合作方案和模式。

四、引领和推动 5G 关键技术的企业成熟期（2018 年至今）

2018 年是 5G 发展的关键一年，3GPP TSG RAN 第 80 次会议上发布了 3GPP 5G NR 标准 SA 方案，标志着首个真正完整意义的国际 5G 标准正式出炉。也在当年，中国两大央企——武汉邮电科学研究院有限公司与电信科学技术研究院有限公司实施联合重组，成立中国信科集团。中国信科旗下大唐移动通信设备有限公司更是在 5G 领域凝聚了非常强的硬核实力。大唐移动始终保持技术与标准演进的领先地位，全面布局 5G 技术、产品与应用，持续推进 5G 产业化进程，已发布商用能力的 5G 商用系列产品以及全系列 5G 设备及配套解决方案，为 5G 商用部署做好了万全准备。

在产品层面，大唐移动拥有序列齐全、功能完备、形态丰富的 5G 产品。可全面支持 SA 和 NSA 两种组网方式，能够满足运营商建网需求。同时，大唐移动还提供组网、运维等多维度解决方案支持电信、联通共建共享。对于中国广电，大唐移动也推出了高低（频段）搭配搭建高性价比 5G 网络的解决方案。

在商用化进程上，大唐移动积极推进 5G 产业发展，在端到端 5G 布局上已显成效，在大规模天线、超密集组网等关键技术上实现全球领先；大唐移动无线、云平台、核心网、测试仪表等领域产品也已实现全面布局。

大唐移动通过发挥自身技术优势，成功打开了"5G+"的开放合作新模式，从标准、技术等方面全力支持并联合运营商建设 5G 网络，成为中国第五代移动通信国际标准和技术的引领者和推动者。

第二节 大唐移动孕育期技术学习战略

对于孕育期的大唐移动而言，企业对 TD 技术的学习仍处于对国外先进技术进行引进消化吸收再创新的阶段。但是与一般的中小高新技术企业所采取的技术学习战略不同的是，在大唐集团的支持下，大唐移动采取了原始创新与引进消化吸收再创新的形式，通过采取主动模仿创新战略，完成了对 TD-SCDMA 中的基础技术或核心技术的吸收和掌握。

一、主动模仿创新的技术学习战略

在全球化背景下，国际跨国公司是赶超国家中企业技术学习最重要的来源之一，发达国家技术发展的轨迹变化为那些努力赶超的国家和企业创造了有利的机会。作为 TD-SCDMA 标准的提出者和相关核心知识产权的拥有者，大唐移动在孕育期的技术来源与国际层面的技术流动和管理经验的学习分不开。TD-SCDMA 核心技术中智能天线技术最早应用于美国军方雷达和抗干扰通信系统，美国斯坦福大学信息系统实验室当时在智能天线研究方面处于全球最领先的地位。CDMA 技术则起源于美国的军事通信领域，后来美国的高通公司将此技术民用化并形成 IS-95 的新一代无线通信标准。软件无线电技术主要起源于军事通信，最早是美国在海湾战争中为解决海陆空三军联合作战时信息快速沟通、互传信息情报而提出的。

大唐移动通过引进和消化吸收这些技术，对相关技术进行了改良和创新。

首先，在吸收原有智能天线技术基础上，对智能天线在民用无线环境的性能进行了深入细致的研发，并通过分析发现 FDD 系统智能天线的不足，这也为以后引入 TDD 制式做铺垫。其次，大唐移动通过修改异步 CDMA 技术到同步 CDMA 技术，研发了完全拥有核心知识产权的 SCDMA，显著解决了高通等公司异步 CDMA 技术中存在的呼吸效应等问题。结合软件无线电技术的多制式适应性，大唐移动创造性将 TDD 制式引入异步 CDMA 中，并通过融合各种先进技术，使其产生"1+1>2"的效应。

二、内部组织能力的不断提高

大唐移动不断增强技术学习能力和技术创新能力的背后，是大唐移动员工通过努力学习，实现知识和技能在企业层面和个人层面相互匹配、共同提高的一个过程。在 TD-SCDMA 草案提交前的 150 多个日夜里，大唐移动的研发人员通过给自己制造危机来促使自身能力的提高。勤奋的工程师、技术员在没有开发场所的情况下，将简陋的房间作为临时办公室，一周 7 天，每天工作 16 个小时。最初由于缺乏足够的技术人员，员工往往身兼数职，进行超负荷工作。比如大唐移动测试部门的员工经常是连续数月白天测试，晚上写报告。而且，在这种危机氛围下，大唐移动员工之间的知识和技术交流也很频繁，加速了各种知识在个人、研发团队和企业层面上的螺旋式转化，推动大唐移动提升自身的技术水平。

第三节　大唐移动求生存期的技术学习战略

2002 年，大唐移动的注册成立标志着大唐移动进入了企业求生存期。在企业求生存期，大唐移动一方面已经实现了部分技术成果的商业化；另一方面通过产业联盟等合作形式，实现了 TD 产业链的完善和发展。

一、追求技术能力领先的技术学习战略

为了进一步提高 TD-SCDMA 的传输容量，大唐移动吸收并融合了当时各种先进的技术。TD-SCDMA 的无线传输方案灵活地综合了 FDMA，TDMA 和 CDMA 等基本传输方法，并通过与联合检测相结合，使 TD 技术的传输容量得到了很大提高；大唐移动通过引进智能天线技术，有效降低了小区间频率复用所产生的干扰，并通过更高频率复用率来提高更高的话务量。

为了短时间内提升企业的技术学习能力，大唐移动通过员工的持续反复学习，加速了员工自身知识的螺旋式上升。员工通过反复学习和持续学习，把引进的显性知识内化为隐性知识，早在 TD-SCDMA 草案提交完成时，大唐移动的工程师和技术员已经掌握了足够的关于 TD-SCDMA 的隐性知识，可以用更少的时间进行技术实验和测试，并不断完善。

为了准确把握 3G 以及后 3G 时代的技术演化路径，大唐移动员工进行了大量的技术测试，完成了众多的国家级课题项目，并将这些技术成果转化为专利或知识产权以形成企业核心的技术能力构建。从 2007 年 12 月开始，大唐移动已经向国际电联提交的国际专利就达到了 187 件，占全球后 3G 相关核心技术的 90%。[①]

此外，大唐移动历来推崇自主创新，在技术积累的沉淀中不断吸收和创新先进的技术，引领 3G 技术的发展。这种创新的环境和强烈的使命感一方面为员工在大唐移动发展提供了足够的成长空间；另一方面也使处于人员流

---

① 截至 2022 年 3 月 15 日，大唐移动共拥有专利 15874 项，其中国际专利 1132 项，科技创新总含量达到 11184.81T。"T" 是技术含量单位，以上科技创新总含量是根据企业发明公布专利、发明授权专利、实用新型专利、软件著作权、外观设计专利五项知识产权进行单位换算出来的，仅作为参考。

· 135 ·

动率偏高的通信行业的大唐移动，优秀人才很少流失。1998 年，大唐移动刚开始申请 TD 标准时的十几位员工，基本都仍然留在大唐移动，而且都已经成为企业的核心骨干力量。

在这种追求技术能力领先的技术学习战略下，大唐移动作为创新的典范已经入选了国家科技部、国务院国资委和中华全国总工会"国家首批创新型企业"以及国家知识产权局"第二批专利试点单位"。知识产权工作已经成为大唐移动战略的重要组成部分，"专利墙"中的专利申请数量和质量不仅见证了大唐移动通过自主创新实现跨越式赶超发展的多年历程，而且已经深深融入大唐移动的企业文化中，时刻激励着"大唐人"不断前进。

二、强调开放式创新的技术学习合作

2000 年，当 TD-SCDMA 技术被国际电信联盟接受成为 3G 标准时，许多人认为，中国的 TD-SCDMA 只是一个纸上标准，很难推进 TD 产业化的成功。2002 年以前，TD-SCDMA 产业化工作主要依靠大唐移动，但产业化前景并不乐观。此时，大唐移动认识到要真正使 TD-SCDMA 取得成功，必须依靠产业链的完善来推动。

TD-SCDMA 产业化的成功，不仅需要国内企业相互结盟以促进整个产业链的完善，同时，作为国际标准，TD-SCDMA 产业化的成功，还需要国际知名通信企业的加入。国外通信厂商的加入对于 TD 技术的完善有很好的推动作用。通信技术是一个复杂的综合性技术，TD 的完善需要大量的技术积累和推动，国外通信厂商在移动通信领域的丰富经验是有利于 TD-SCDMA 技术不断完善的；此外，国外通信厂商的加入也有利于 TD 网络的加速组建。

随着 TD-SCDMA 产业化进程的加速和产业能量的不断释放，TD-SCDMA 作为国际标准的世界影响力迅速提升，吸引了越来越多的国内外知名通信企

业的关注与支持。2002 年 11 月，UT 斯达康公司与大唐公司正式签署合作协议，共同开发 TD-SCDMA 系统设备，UT 斯达康将充分利用基于 IP 软交换技术的 mSwitch 核心网络支持 TD-SCDMA 系统；2003 年 1 月，大唐授权意法半导体使用 TD-SCDMA 专利技术开发多模式、多媒体的片上系统，TD-SCDMA 终端的开发实力大大增强。与此同时，大唐、飞利浦和三星合资成立天碁公司，用于生产 3G 技术指标和人性化需求的 TD-SCDMA 商用终端。随后大唐移动又与美国泰克公司合作研发 TD-SCDMA 网络与网元。随着德州仪器、丹麦 RTX 公司的加入，TD-SCDMA 的合作阵营在不断壮大。截至 2008 年底，国外五大跨国手机厂商中，诺基亚、三星、摩托罗拉和 LG 都已经加入了 TD 阵营。在世人的瞩目与关切下，TD-SCDMA 披荆斩棘，步入了良性、健康发展的快车道。

3G 时代，大唐电信、西门子、华为、中兴、中国普天、UT 斯达康、阿尔卡特、北电等企业已经在 TD-SCDMA 系统开发、研究方面做出了大量工作并取得阶段性成果。学术方面，三星在中国的研究机构也将 TD-SCDMA 列为研究的重要课题，富士通在中国的研究机构已经与中国的一些高校签署了共同研究 TD-SDCMA 的协议。大量的研究机构和科研院所已经将 TD-SCDMA 标准作为重要科研课题。终端方面，西门子和丹麦的 RTX 已先后开发出 TD-SCDMA 的手机样机，重邮信科的手机样机实现了与 TD-SCDMA 基站的通话。大唐移动的测试终端也表现稳定。芯片方面，华立、飞利浦、三星、德州仪器、意法半导体的研发工作正有条不紊地进行。测试仪表方面，安捷伦、罗德 & 施瓦茨、雷卡等该领域的领袖企业的加盟，极大地保证了 TD-SCDMA 的测试水平和质量。此外，当时的南方高科、CECW、联想、大霸等企业在 TD-SCDMA 标准的开发和研究方面，均投入了相当资源。

第四节 大唐移动高速发展期的技术学习战略

2009 年，3G 牌照的发放对于大唐移动而言，标志着大唐移动进入了与中国移动共同促进中国 TD 技术及产业成熟的新阶段，也标志着大唐移动进入了高速成长期。从 2008 年 4 月开始，大唐移动 TD-SCDMA 已经进入了商用化阶段，在中国移动以及政府的大力支持下，大唐移动正在不断探索 TD 的商业模式，企业的总体实力得到了不断增强，企业在 TD-SCDMA 方面的产品已经成为企业目前发展的重点，企业在 TD-LTE 以及 4G 等技术方面的研发和商业化也逐步进行，在这个阶段，大唐移动在 TD 领域实行的是生产能力领先的技术学习战略。

一、生产能力领先的学习战略

为了确保对 TD-SCDMA 技术的持续领先以及对后续技术的领先地位，大唐移动对 TD-SCDMA 采取了技术追踪学习的方法来保持在 3G 领域的领先。大唐移动保持了员工总数的 10% 进行标准的跟进和创新，保证研发投入的 15%~20% 用于标准和技术的创新，并且这个比例呈逐年上升的趋势。其中，技术学习分为两个阶段：研究阶段的学习和工作阶段的学习。为了加强技术学习，大唐移动成立了专门的总体室部门对此进行负责。通过举办各种有关技术的交流会议，积极加强企业与运营商以及企业内部不同部门之间的协调，大唐移动在技术学习的过程中不断实现了企业核心竞争力的提升。

大唐移动通过与国际电信厂商的合作，积极利用跨国公司先进的技术和管理经验，以提升自身的技术能力和管理水平。技术能力不仅包括丰富的关于 TD-SCDMA 技术来源的丰富知识，还包括能够帮助大唐移动识别企业自身之外的有用的互补性专业知识来源的能力。通过技术引进和管理经验学习，大唐移动在提升企业识别新的外部信息价值的同时，进一步增强了在关于 TD-SCDMA 技术及相关技术知识产权谈判时讨价还价的能力。随着越来越多的厂商参与到 TD-SCDMA 的后续研发过程，大唐移动在 TD-SCDMA 标准中的发言权可能会变小，这使大唐移动面临着更大的竞争压力。因此，大唐移动在做技术工作时，面临这些压力，选择了适宜性的策略，即"你并不比别人聪明多少，但别人也不比你聪明多少"。

二、不断完善的矩阵式研发结构

一个勇于变革的研发结构对于企业的技术创新而言是非常重要的。企业资本、技术和知识积累只有通过企业组织结构尤其是研发结构对其整合以后才能够从企业内部直接贡献于企业技术创新，所以企业研发组织结构是影响和决定企业技术创新诸因素的枢纽环节。

大唐移动已经形成了横、纵交叉的完善的矩阵式研发格局。其中，横向研发部分为硬件、软件、结构、测试、总体五个大组，纵向的每个研发人员又隶属于超级基站和宏基站两大产品线；同时，大唐移动还成立了专门针对标准和系统仿真的百人研发团队。[①] 正是在这种交叉合作、立体化的组织架构下，TD-SCDMA 的商用产品被迅速推了出来；也正是在这种勇于变革的研发结构前提下，大唐移动可以根据企业所处环境的变化随时、动态、适应性地继续调整研发结构。

---

① 当时，大唐移动主要分为一个标准室、两个研究室、一个总体室。其中标准室负责技术的总体框架，大约 30 人。研究室可以按照研究成果将其分为底层研究和高层研究，其中，底层研究是关键技术的研发，产品主要有天线等；高层研究主要指的是系统性能的稳定，主要产品包括协议、网络结构等。两个研究室各有 50 人左右。在无线网络中，高层研究和底层研究层次差别不是很明显。总体室主要负责技术的发展方向以及大体结构等，有 10 多人。

TD-SCDMA 标准是一个长期的动态变化过程,[①] 这就要求大唐移动相应地调整企业的组织结构以促进相互之间的沟通和协作。为了不断成熟 TD-SC-DMA 标准,一方面,大唐移动每三个月召开一次工作会议,促进不同部门之间知识和技术的交流;另一方面,大唐移动成立了不同的部门负责对新技术研发以及对现有技术维护升级。其中,研发部门和产业部门主要负责现有技术的维护升级,系统部门主要负责新技术的研发;同时,在新技术的研发过程中,研发部门和产业部门又对系统部门进行反馈。

大唐移动的自主创新性决定了企业给员工的发展空间是广阔而且灵活的。TD-SCDMA 标准中众多的技术属于新技术,这些新技术的特点决定了前期的工作是繁重而且富有挑战性,而且员工在相应技术领域的决策力也是较大的。这是作为创新型的企业与作为产品型的企业的重要区别。这种灵活的成长空间为大唐移动不断的技术创新营造了良好的环境氛围,同时又能激励员工工作,使员工成长的个人目标与企业成长的组织目标相一致,在留住优秀员工的同时促进企业不断创新。

虽然与同类电信企业相比,大唐移动员工的薪酬较低,但是企业多业务的特点所带来的成长机会仍然吸引了大量优秀员工。作为一个新兴的创新型企业,大唐移动的业务是多维度的,相应员工的成长机会也是多维度的。新进入大唐移动的员工往往在两年到五年时间内能对本部门的大多数项目有个总体的认识和了解,而这种深层次的岗位轮换在其他企业尤其是成熟的企业则是很难做到的。

完善的公司治理是保证企业持续成长的关键因素,成熟的企业组织结构

---

① 关于 TD 未来的发展,根据其采用的技术,可以将其分为四个阶段:第一,TD-SCDMA 基本版本,对应于 R4 技术。第二,TD-SCDMA 的增强版本,对应于 HSPA、HSPA+、MBMS 等技术。第三,LTE 标准阶段。该标准是 3GPP 标准。LTE 标准也分为 TDD 技术和 FDD 技术。这一阶段各种标准出现了很多共同点。第四,LTE+阶段,该阶段其实就是 4G。这四个阶段是交叉完成的过程。

则是保证企业平稳运行以实现企业目标的重要组织保障。但是对于高新技术企业尤其是处于动态变化环境之中的创新型企业而言，组织结构的不完善恰恰能成为有效激励员工的外在环境工具。对于大唐移动的员工而言，尚未完善的公司治理结构使员工从事非常规化的工作，但这给员工带来的挑战是很大的，对于员工自身成长的塑造也是非常有利的。员工通过从事不同的工作，不断拓宽其技术视野，更能从中体会到工作的乐趣，这种精神激励对于高科技员工的效果远远高于一般层面上的物质激励所带来的效果。

第五节　大唐移动成熟期的技术学习战略

2018 年对于中国信科下属的大唐移动来说，是在强强联合的情况下，不断加快 5G 技术研发与试验、推进产品全面化、多个智能应用竖起样板的一年。大唐移动经过高速发展期的技术研发后，已经成为车联网领域的全球领先技术解决方案提供商，开发的多项产品成为全球首发产品解决方案。2018 年，美国高通公司和大唐移动完成了 5G 新空口互操作测试，测试使用了大唐移动提供的基站和高通提供的原型用户终端（UE）。互操作测试在 3.5GHz 频段进行，采用基于 3GPP Release 15 标准的 5G 关键技术，下行单用户数据传输速率达到 1.38Gbps，这也充分显示了大唐移动和高通公司在各自 5G 产业领域的领先地位。大唐移动凭借在 3G 和 4G 积累了大量的 TDD 相关专利，针对 5G 新的关键技术，在大规模天线技术、新型多址接入、超密集组网等多项核心技术领域处于业界领先地位。

当大唐移动处于高速发展期时，大唐移动技术学习战略的重点仍然是技术研发掌握更多的知识产权，但当大唐移动进入成熟期后，企业的战略尤其是技术学习战略也发生了明显的改变，生产能力尤其是具有自主知识产权的生产能力成为重点。一方面，大唐移动全程深入参与到我国5G建设当中，在技术、产品、商用、应用四个方面推进5G产业发展；另一方面，大唐移动也和国际厂商一起，成为5G国际标准的引领者和推动者。

在5G+应用领域，大唐移动凭借对5G技术与标准的透彻理解、对垂直行业痛点需求的精准把握，全力布局与5G强结合的多个应用领域并形成各具特色的业务解决方案，同时携手相关垂直行业龙头企业以及运营商推动相关典型5G应用落地，实现5G eMBB应用率先应用、5G垂直行业应用"全面开花"。车联网是汽车产业、通信产业、交通行业等深度融合的新型产业形态，被认为是物联网体系中最有产业潜力、市场需求最明确的方向之一。大唐移动在2020年12月发布5G智慧交通系统解决方案以及"5G+AI"融合网关产品。目前，大唐移动5G智慧交通系统解决方案已在厦门、杭州智慧公交项目中部署运营。方案以融合（网络融合、边云融合、感知融合、定位融合、安全融合）、安全（从技术标准、终端设备、CA平台等不同层面构建了安全可靠的车联网安全认证系统）、创新（采用5G、融合感知、群体智能、车辆线控平台和高精度定位等领先技术形成5G智能网联车路协同系统）为核心。大唐移动已在厦门、杭州、重庆、天津、雄安等全国多地领先开展了5G车路协同示范应用。同时，大唐移动牵头CA国内行业标准制定，并积极参与国际5GAA和3GPP中车联网安全相关的标准化工作，可以提供车路协同安全认证平台整体解决方案。2020年，中国信科主导的C-V2X技术标准获得了全球主要国家的认可。可以说，C-V2X是我国在信息通信领域打造的又一国际技术标准。

"4G改变生活，5G改变社会，6G将改变世界。"大唐移动也于2019年初组建面向6G的专家团队，开展对于6G愿景、需求、能力与关键技术的系列研究。2020 年 12 月，大唐移动联合无线移动通信国家重点实验室（电信科学技术研究院）发布了《全域覆盖·场景智联——6G 愿景与技术趋势白皮书》，白皮书对 6G 应该具备的核心能力进行了讨论，同时对 6G 技术发展趋势进行了探讨。作为全球 5G 标准的重要贡献者，大唐移动将在 6G 的研究与标准化过程中，结合"全域覆盖、场景智联"的发展愿景，不遗余力地推进通信产业的健康发展。

第六节　大唐移动成长过程中政府的作用

技术创新可以分为渐进式技术创新和突破性技术创新。其中突破性技术创新对企业而言是非常困难的，这种困难体现在两个方面：一是技术研发的风险；二是技术市场化的风险。前者被称为技术风险，后者被称为市场风险，这两种风险对于企业自身而言是风险极大的。这也使政府的资金和政策支持显得更加重要起来。如果政府从国家科技发展战略的角度对企业进行支持，甚至要求企业全面推行破坏性创新，风险由政府承担，或者政府与企业共同承担风险，则可能是另外一回事了。

一、政府提供政策支持大唐移动发展

在大唐移动发展 TD-SCDMA 的过程中，政府发挥了重要的作用。政府通过直接和间接的政策对大唐移动的技术学习过程产生相当大的影响。政府对 TD 的政策从需求和供给来分可以分为政府的工业政策和科学技术政策。其中，政府的工业政策主要是从需求方面而言，科学技术政策主要是从 TD 的技术供给方面而言。

我国移动通信丢失了第一代——模拟移动电话，错过了第二代移动通信 GSM、DAMPS、PDC（日本数字蜂窝系统）和 IS-95CDMA 等（这些属于窄带系统），如何发展第三代移动通信（真正的宽带移动多媒体通信系统），是摆在我们面前现实而又严峻的问题。长期以来，由于没有相关核心技术和标准，我国移动通信发展一直跟在发达国家的后面，虽有过相关局部创新，但是局部创新所带来的技术前进的速度远远低于世界通信先进技术前进的速度，这就是我国长时间不能在世界通信领域的竞争中获得优势的原因。第三代移动通信的到来对我国来说是一个最佳的契机。如果沿用过去的局部技术创新模式，是无论如何也不可能追赶上西方发达国家的技术水平的，只能重复第一代、第二代移动通信的老路。因此，必须按照非常规的跳跃式前进的思路发展，和发达国家站在同一起跑线上，通过破坏性技术创新来实现我国移动通信的技术跨越。

　　大唐移动提出其技术创新的战略目标是开发第三代移动通信技术，并建立中国拥有独立知识产权的 TD-SCDMA 技术标准。大唐移动早在 1994 年就已经开始研发 TD-SCDMA 系统的关键技术。经过多年的执着努力，TD-SCDMA 已经得到国际电联的认可，并被批准为第三代移动通信的三个标准之一。TD-SCDMA 是我国首次在国际上提出的完整的通信技术标准，它从标准竞争的制高点打破了欧美垄断通信标准的局面，为中国民族通信业的发展赢得了契机，标志着移动通信破坏性技术创新的成功。为了这一目标，大唐电信也付出了很大的代价。

　　标准的背后需要大量的核心技术专利，依靠这些关键技术（多是破坏性技术）来支撑。标准的成功只是大唐移动技术创新的第一个阶段，围绕这个标准能不能形成产业则是下一个阶段的重要任务。如果不能形成产业，企业仍然不能获得拥有标准的潜在巨大价值。国际上的大企业敢于公布其技术标准，是因为它具有强大的产业化能力，而对于大唐移动在内的我国通信行业的企业来说，自身还不具备这样的实力，只有依托国家的支持，才能整合我国通信行业企业能力，通过形成产业联盟等形式，使这种破坏性技术产业化，最终实现地区、国家的技术跨越。

TD-SCDMA 技术标准作为一项我国自己提出的国际标准，没有政府的支持是不可能成功的。从最初提交 3G 提案到 3G 的研发，再到 TD 产业链的发展，以及运营商的支持，政府通过调整供需关系，有力地推进了大唐移动在 TD 方面的研发。

当 1997 年国际电联（ITU）向各国征求第三代移动通信标准时，政府相关行业主管部门抓住全球范围内第三代无线移动技术发展的重大战略机遇，成立了"第三代移动通信评估协调组"，向国内广泛征集第三代移动通信技术。1998 年，大唐代表中国向国际电联递交了中国提出的 TD-SCDMA 国际标准。在国际电联收到的多达 16 个 3G 标准提案中，TD-SCDMA 作为唯一由中国提出的标准之所以能够被采纳，除了 TD-SCDMA 自身的独特优势外，中国政府的支持也是很关键的。

为了进一步推动 TD-SCDMA 的产业发展，2002 年的信息产业部（现工信部）在频谱资源上向 TD-SCDMA 倾斜，给 TD-SCDMA 划拨了 155MHz 非对称频率，向产业界发出了中国政府支持 TD-SCDMA 的明确信号。2008 年 12 月，中国工信部有关官员推动 TD-SCDMA（TD）终端和业务纳入政府采购范围，发挥政府部门支持 TD 发展的示范作用。这些政府政策从市场需求出发，在扩大 TD-SCDMA 市场需求的同时，又通过资金等财政政策的支持，有效解决了大唐移动等企业在 TD 产业化过程中遇到的融资难问题。1998～2005 年，科技部通过"863"计划、攻关计划共对大唐移动投入了 1.2 亿元。从 2003 年开始，大唐移动就获得了信息产业部（现工信部）、发改委等部门超过 2 亿元的专项资金支持。此后，从 2004 年开始，大唐移动每年都从国家政策性银行——国家开发银行获得数额不低的低息或免息贷款。这其中包括 2007 年初国家开发银行提供的 46 亿元 15 年免息贷款以及为大唐移动 TD-SCDMA 网络建设提供长期融资支持的 300 亿元贷款。

2018 年中国信科集团的组建；2020 年信科移动有限通过国有股权无偿划转方式受让大唐移动 100% 的股权，2021 年底信科移动科创板 IPO 获上交所受理，① 这些都表明强有力的政府支持以及稳定的融资支持，也彰显了政府支持自主知识产权和扶持高科技发展的决心和力度。

二、政府施加压力促进大唐移动发展

2000 年 12 月 12 日，在北京申奥的关键时期，原中华人民共和国信息产业部签署了支持北京申奥的《通信机构、设施和服务保证书》，保证书中承诺："若北京获得 2008 年奥运会举办权，将第三代移动通信（3G）等系列新设施、新服务提供给 2008 年奥运会，以确保 2008 年奥运会的顺利举行。"此时距离 TD-SCDMA 被国际电联批准为第三代移动通信国际标准刚刚过去 7 个月，TD 的基站和终端甚至还没有基本出样。这种危机促使了大唐移动要在尽可能短的时间内完成将 TD-SCDMA 从一纸标准变为被市场所接受、被老百姓所接纳的产品。

为此，大唐集团围绕 TD-SCDMA 服务奥运展开了一系列精心部署，2007 年，TD-SCDMA 扩大规模网络试验在北京、上海、广州等 10 个城市展开，大唐集团旗下的大唐移动独家承建广州、上海、合建保定、青岛的 TD-SCDMA 网络。当年年底，由大唐移动独家承建的广州、上海 4000 多个 TD-SCD-

---

① 2022 年 3 月，信科移动表示，公司及其中介机构因受疫情影响，无法在规定时限内完成尽职调查、回复审核问询等工作，向上交所申请中止审核。

MA 基站全部高质量开通，被称为是一个"奇迹工程"。

　　作为一家成长型高科技企业，作为 5G 国际标准的引领者和推动者，大唐移动已经完成了从最初 3G 标准提出到随后的实验室研究再到目前产业链结构基本完善的飞跃。在这个过程中，大唐移动正努力通过自身努力将技术和产品市场化，在实现技术创新的同时，通过创造性地解决商业模式的问题，力争成为信息通信领域具有国际竞争力的一流企业。

　　纵观大唐移动的历史发展，其实就是技术不断创新和市场不断成熟乃至商业化成功的过程，也是信息技术在中国不断成熟并逐步走向国际的历史。这个过程中，作为政策引导的政府和机构在前期发挥了重要作用。在 3G 时代，作为 TD-SCDMA 产业链不断完善的重要环节，包括中兴、华为在内的 TD-SCDMA 联盟正发挥着越来越重要的影响。在 4G 时代，大唐移动全面参与了三大运营商的 4G 网络建设。在 5G 时代，大唐移动作为 5G 研发的主力军，参与工信部 5G 技术研发试验，并联合无线移动通信国家重点实验室（电信科学技术研究院）发布了《全域覆盖·场景智联——6G 愿景与技术趋势白皮书》，白皮书对 6G 应该具备的核心能力进行了讨论，同时对 6G 技术发展趋势进行了探讨。

第八章　结论及政策建议

中国高新技术企业在相当长的时间内仍将在知识产权背景下，通过技术学习战略实现企业的自主创新，进而实现企业的成长与发展。在高新技术企业的成长过程中，企业外部环境、企业学习来源、技术学习方式、技术学习态度以及对技术学习效果的预期都构成了企业技术学习战略的选择和实施。高新技术企业在技术学习战略的引领下，通过选择合适的技术学习模式，掌握相关专利技术，并获得自主知识产权，形成了企业的核心竞争优势。

第一节　本书结论

一、企业技术学习模式具有可分解性

对于企业自主创新而言，有三种主要的途径，即原始创新、引进消化吸收再创新、集成创新。与这三种自主创新相对应的三种能力分别是：原始创新能力、引进消化吸收再创新能力、集成创新能力。企业具备这三种能力的

技术学习分别被称为：原始创新技术学习、引进消化吸收再创新技术学习、集成创新技术学习。原始创新、引进消化吸收再创新、集成创新对应着不同的技术，要求企业具备不同的技术能力，这也决定了与这三种创新相对应的技术学习过程，也要求了企业具备不同的技术能力和组织能力，需要自身能力与所选择的技术学习战略相匹配。本书认为这三种技术学习并不是一个元过程，也就是说，企业技术学习过程是一个可以由多个子过程组成的连续或断续的一个集合。

正是由于企业技术学习过程是一个子过程的集合，才使很多企业在实际的技术学习过程中往往选择了其中一个或多个过程，有的企业会走完整个学习过程，但影响技术学习的因素以及其机制决定了有些企业在现有的成长阶段只会走完其中一个或多个过程，但不可能走完全部的过程。在这种情况下，仅仅依靠政府等外在的激励措施是很难起到决定性作用的。企业应该根据自身的成长阶段，根据技术的特点，选择合适的技术学习战略。作为影响企业技术学习的外部政府，更多的应该是通过政策等手段促进中小高新技术企业技术学习。

本书将中国高新技术企业的技术学习模式分为两种："引进—模仿—创新—生产"技术学习模式和"引进—创新—生产"技术学习模式。并认为，技术学习模式并不是不可分解的，即使是引进消化吸收再创新的过程，其实也是分为技术引进、技术消化吸收、技术再创新三个子过程。对于选择引进消化吸收再创新的企业而言，并不是一定要走完"引进—消化吸收—再创新"完成的过程。企业会根据自身发展状况和外部环境等特点制定企业的发展战略，并在企业战略的导向下，选择合适的技术学习模式。有些企业，尤其是中小高新技术企业在发展初期，往往遵循了先生存再发展的原则，在这种情况下，如果缺乏外界资金和政策的帮助，对于企业而言更合适的技术学习模式可能就是简单的技术引进。在知识产权背景下，这些企业可能会通过购买专利等手段，实现合法化和正规化的生产经营，随着企业的逐步发展，企业可能会选择进一步的再创新，从而获得自主知识产权。

二、企业成长阶段与技术学习战略具有相关性

企业在不同成长阶段对于技术学习战略的要求是不同的。从技术学习角度而言，处于孕育期的高新技术企业更多的目的是对外界或自身技术的一种筛选和获取过程。对于求生存期的高新技术企业而言，则更多关注企业生存的问题，并不是企业发展的问题。生存问题的关注使企业更多的不是致力于自主知识产权的专利技术的获取上，而是集中于产品的收益上。如果没有雄厚的资金支持和企业家强大而坚定的决心抱负，多数企业会选择通过模仿或者购买专利实现企业的生存。在求生存期，企业通过被动模仿战略生产模仿性产品，实现了企业技术创新原始资本（包括资金和技术来源）的积累，也为企业随后的自主创新打下了基础。随着企业技术学习经验的丰富以及技术学习投入资金的增加，企业进入了主动模仿创新以及领先战略的创新阶段。通过主动模仿创新战略以及领先战略，企业实现了自主知识产权的获得，并通过单独学习或者合作学习，实现了拥有自主知识产权的产品的生产和销售。一旦这样的领先战略取得成功，企业也就进入了高速发展期，企业长期获得的利润是非常巨大的。

对于高新技术企业而言，企业进入成熟期后更多的是选择稳定的技术学习战略，通过合理分配技术学习的投入，保持企业的稳定发展。由于技术学习路径依赖的关系，这个阶段高新技术企业往往会选择企业在高速发展期所实施的技术学习战略，但又会趋于保守，创新性会有所减弱，企业往往依靠成熟的专利技术或者产品来进行发展。高新技术企业对技术创新的持续性要求很高，沉迷于企业成熟的专利技术或产品往往会导致企业的可不持续发展，从而使企业进入衰退期和蜕变期。这也是我国高新技术企业尤其是中小高新技术企业生命周期较短的一个主要原因。当企业进入衰退期后，一些企业会选择增加技术学习投入来进行新的技术学习和新的专利技术的获取，如果企业能够重新发展，就标志着企业由衰退期进入了蜕变期；另外一些企业在进入衰退期后，如果不能完成新的转型，就预示着这家高新技术企业生命周期的结束。

三、求生存期的中小高新技术企业技术学习战略

第一，对于中小高新技术企业而言，在求生存期，企业更多的是选择拿来主义技术学习战略和被动模仿创新战略，较少选择技术学习能力领先战略。

第二，从战略的长期性来看，求生存期的中小高新技术企业并没有固定的技术学习战略。一方面，战略要求具有较长的执行和实施时间；另一方面，环境决定战略，但是，求生存期的特点使中小高新技术企业没有足够的时间去分析和判断企业所处的技术学习环境，从而很难选择一个合适的技术学习方向。缺乏技术学习方向的后果就是必然导致技术学习模式的不稳定和技术学习战略的不稳定性。

第三，从技术学习战略的制定者来看，求生存期的中小高新技术企业的技术学习战略往往由企业家一个人决定，缺乏群体决策和组织结构的约束。这也增加了求生存期企业技术学习战略的不稳定性和有效性。

四、高速成长期中小高新技术企业技术学习战略

对于中小高新技术企业而言，高速成长期的技术学习战略与企业所处的行业没有必然联系，但与技术的环境特点以及自身研发人员质量有着较为紧

密的联系。在技术人员比例较高的企业中，更多的企业选择了技术能力领先战略，技术人员比例较低的企业处于成本等方面的考虑会选择主动模仿创新战略。而且，大多数高速成长期的中小高新技术企业会选择与高校或科研院所而不是与企业进行合作研发。

第二节 政策建议

一、优化中国企业技术选择的知识产权制度

在技术赶超背景下，中国一些高新技术企业尤其是中小高新技术企业并不掌握知识产权，尤其是自主知识产权。企业的知识产权保护意识薄弱，导致许多企业的创新成果未能转化为知识产权或导致专利技术终止。在企业技术学习的过程中，企业自身的知识产权制度、管理制度等内在制度的进化构成了企业成为复杂适应性主体的关键变量，它们从系统制度层面制约着高新技术企业技术能力的发展以及技术学习战略的选择行为。为此，要从国家层面建立多层次、系统化的知识产权保护体系。

二、发挥企业家主体的创新精神

要发挥高新技术企业家主体的创新精神，通过知识产权等激励手段避免企业家的经营短视行为。要从管理转型的角度，使高新技术企业逐渐由企业家精神为主导的企业向专业化管理的企业转型，并根据企业的组织结构，动态适应知识产权、全球化给企业带来的挑战。

企业经营者的技术抱负决定了企业技术学习战略的决策，中国许多企业

经营者满足于技术获取的拿来主义及复制性模仿，满足于产品的短期竞争力，在技术学习中不思进取。为此，在技术学习战略制定过程中，激发企业家精神，以技术能力高度化与"技术立国"的远大抱负为导向，提高决策质量及快速反应能力。对企业经营者进行本行业、本企业技术发展前景知识缺口的弥补，使其洞悉行业技术（产品）前景，避免知识缺乏或盲从，尤为重要的是要树立技术领先的雄心壮志。同时，将技术选择的决策分布程式化，发挥技术部门决策的威力。

三、制定前瞻性的动态适应性技术学习战略

面对知识条件下正反馈机制下的产业发展路径，中国企业应动态权衡技术学习的成本与收益。在审视自己产业技术发展路径的前提下，制定出与技术发展路径相契合的技术学习战略。如果该产业的技术发展是渐进式创新，即产业技术正在成熟或已经成熟，可以采取技术学习的追随战略。如果该产业的技术发展正处在根本性创新过程，企业应勇敢地采取领先战略。但是即使采取技术追随战略，也不应该被短期利润最大化目标所牵引，而应长、短期利润最大化相结合，依次采取复制性模仿战略与创新性模仿战略。创新性模仿战略适用于有着强大技术和市场地位的企业。复制性模仿战略适用于技术和市场地位中等的企业，而拿来主义战略只适用于技术和市场地位弱的企业。

此外，高新技术企业在技术学习战略中要明确企业对技术的定位问题，也就是企业是要做一个以专利申请为主的侧重技术的企业还是做一个侧重生产制造的生产型企业。从专利技术的成功到产品的商业化成功，也具有很大的风险。企业应该根据自身的优势和技术产品的市场，选择合适的商业模式。

四、正确面对"成长痛苦"的转型

在我国企业技术发展资源及投入不充分的条件下，只有以企业经营者自

身的学习为基础，以技术发展的远景想象为激励，才能使企业坦然、理性地承受技术变迁非连续过程中新老技术跃迁而导致的"成长的痛苦"（V. K. Narayanan，2001）。在这个技术跃迁中，"老技术"被"新技术"取代。新技术会遇到"成长的痛苦"，在一段时间内表现得不如老技术好。这种转型期会给创新公司带来很大风险。正如管理文献经常强调的那样，公司倾向于重视实现现有中等长度周期内的最大利润，以致对下一周期的投资造成损害，这种短视只能意味着更少的企业 R&D 投资和更少的长期 R&D。

五、进一步完善企业自主创新的激励办法

一个国家只有拥有强大的自主创新能力，才能在激烈的国际竞争中把握先机、赢得主动。特别是在关系国民经济命脉和国家安全的关键领域，真正的核心技术、关键技术是买不来的，必须依靠自主创新。要把提高自主创新能力摆在全部科技工作的首位，在若干重要领域掌握一批核心技术，拥有一批自主知识产权，造就一批具有国际竞争力的企业，大幅度提高国家竞争力。

自主创新的主要方式有三种：原始创新、集成创新和引进消化吸收再创新。而且，相对应每一种创新方式，企业的技术学习战略和技术学习模式也是不同的。政府应该在现有激励政策的基础上，进一步明确不同行业领域自主创新的激励办法所针对的不同创新方式。原始创新、集成创新和引进消化吸收再创新确实是企业自主创新的主要方式，但是，在某一特殊领域，如涉及国家未来关键技术的领域（如5G技术以及高铁技术），就需要政府相关政策向核心技术的原始创新进行倾斜；而在其他一些领域，政策可能更加倾向于偏重集成创新或者引进吸收再创新。

参考文献

［1］ Adizes Ichak, "Corporate Lifecycles", *Executive Excellence*, 1998, Vol. 15, No. 2.

［2］ Allen T. J., *Managing the Flow of Technology: Technology Transfer and the Dissemination of Technological Information within the R&D Organization*, MIT Press, Cambridge, 1977.

［3］ Abernathy W. J., Utterback J. M., "Patterns of Industrial Innovation", *Technology Review*, 1978, Vol. 80.

［4］ Ansoff H. I., "Strategies for Diversification", *Harvard Business Review*, 1957, Vol. 35, No. 5.

［5］ Banji Oyelaran-Oyeyinka, Kaushalesh Lal, "Learning New Technologies by Small and Medium Enterprises in Developing Countries", *Technovation*, 2006, Vol. 26.

［6］ Barney J., "Firm Resources and Sustained Competitive Advantage", *Journal of Management*, 1991, Vol. 17.

［7］ Barney J., "Types of Competition and the Theory of Strategy: Toward an

Integrative Framework", *Academy of Management Review*, 1986, Vol. 11.

[8] Bierly P. , Chakrabarti A. , "Generic Knowledge Strategies in the U. S. Pharmaceutical Industry", *Strategic Management Journal*, 1996, Vol. 17.

[9] Breschi Stefano, Malerba Franco, Orsenigo Luigi, "Technological Regimes and Schumpeterian Patterns of Innovation", *Economic Journal*, *Royal Economic Society*, 2000, Vol. 110, No. 463.

[10] C. Freeman, *Technology Policy and Economic Performance: Lesson from Japan*, Pinter Publishers, 1987.

[11] C. K. Prahalad, G. Hamel, "The Core Competence of the Corporation", *Harvard Business Review*, 1990.

[12] Carayannis, *Strategic Management of Technological Learning*, CRC Press LLC. , 2001.

[13] Camagni R. , "Local 'Milieu', Uncertainty and Innovation Networks: Towards a New Dynamic Theory of Economic Space", In: Camagni R. , *Innovation Networks: Spatial Perspectives*, London: Belhaven, 1991.

[14] Chandler G. N. , Hanks S. H. , "Market Attractiveness, Resource-based Capabilities, Venture Strategies, and Venture Performance", *Journal of Business Venturing*, 1994, Vol. 9, No. 4.

[15] Claessens S. , Laeven L. , "Financial Development, Property Rights and Growth", *Journal of Finance*, 2003, Vol. 58.

[16] Cohen Wesley M. , Richard C. Levin, "Empirical Studies of Innovation and Market Structure", *Handbook of Industrial Organization*, 1989.

[17] Chris Freeman, Luc Soete, *The Economics of Industrial Innovation*, A Cassell Imprint, 1997.

［18］Cohen W. M. , Levinthal D. A. , "Absorptive Capacity: A New Perspective on Learning and Innovation", *Administrative Science Quarterly—Special Issue: Technology, Organizations, and Innovation*, 1990, Vol. 35.

［19］Daron Acemoglu, Philippe Aghion, Fabrizio Zilibotti, "Distance to Frontier, Selection, and Economic Growth", *Journal of the European Economic Association*, 2006, Vol. 4, No. 1.

［20］Deardorff A. , "Welfare Effects of Global Patent Protection", *Economica*, 1992, Vol. 59, No. 233.

［21］Dominic Chai, Simon Deakin, Prabirjit Sarkar, "Product Market Competition, Corporate Governance and Legal Origin", *Working Paper*, 2012.

［22］Dominic Chai, Simon Deakin, Prabirjit Sarkar, "*Product Market Competition, Corporate Governance and Legal Origin*", *Working Paper*, 2012.

［23］Dorothy Leonard, Jeffrey F. Rayport, "Spark Innovation Through Empathic Design", *Harvard Business Review*, 1997, Vol. 75, No. 6.

［24］Dutrénit G. , *Learning and Knowledge Management in the Firm: From Knowledge Accumulation to Strategic Capabilities*, Edward Elgar Publishing, MA. : Northampton, 2000.

［25］Eugene Sivadas, F. Robert Dwyer, "An Examination of Organizational Factors Influencing New Product Success in Internal and Alliance – Based Processes", *Journal of Marketing*, 2000, Vol. 64, No. 1.

［26］Franco Archibugi, "Towards a Supra–national and Cosmopolitan Sovereignty: For the Planet's Organisation and Peace", http: //www. francoarchibugi. it/pdf/selectedwritingssovereigntysupranational. pdf, 1999.

［27］Franco Malerba, "Learning by Firms and Incremental Technical

Change", *The Economic Journal*, 1992, Vol. 102, No. 413.

[28] Franco Malerba, Luigi Orsenigo, "Schumpeterian Patterns of Innovation are Technology-specific", *Research Policy*, 1996, Vol. 25, No. 3.

[29] Gil Y., Bong S., Lee J, "Integration Model of Technology Internalization Modes and Learning Strategy, Globally Late Starter Samsung's Successful Practices in South Korea", *Technovation*, 2003, Vol. 23.

[30] Giovanni Peri, Dieter Urban, "Catching-up to Foreign Technology? Evidence on the Veblen-Gerschenkron", Effect of Foreign Investments, Working Paper 10893, http://www.nber.org/papers/w10893.

[31] Hobday M., Dieter Urban, "East Asian Latecomer Firms: Learning the Technology of Electronics", *World Development*, 1995, Vol. 23.

[32] Jiandong Ju, "Oligopolistic Competition, Technology Innovation, and Multiproduct Firms", *Review of International Economics*, 2003, Vol. 11, No. 2.

[33] Jin W. Cyhn, *Technology Trarufer and International Production*, Edward Elgar, 2002.

[34] John Hagel, John Seely Brown, "Globalization and Innovation: Some Contrarian Perspectives", *Working Paper*, 2006, http://www.johnseelybrown.com/davos.pdf.

[35] Julia Porter Liebeskind, "Knowledge, Strategy, and the Theory of the Firm", *Strategic Management Journal*, 1996, Vol. 17.

[36] Kahneman D., Tversk A., "Project Theory: An Analysis of Decision under Risk", *Econometrics*, 1979, Vol. 47.

[37] Kang N. H., Sakai K., "International Strategic Alliances: Their Role in Industrial Globalization", *DSTI/DOC*, 2000.

［38］ Keane, Michael A. ,"Created in China: The New Catch up Strategy", In Proceedings International Communication Association, Development and Intercultural Communication Panel, Dresden, 20 June, 2006.

［39］ Kurt Lewin, "Pyschology of Success and Failure", *Journal of Counseling and Development*, 1936, Vol. 14, No. 9.

［40］ Lall S. , "Competitiveness Indices and Developing Countries: An Economic Evaluation of the Global Competitiveness Report", *World Development*, 2001, Vol. 29.

［41］ Linsu Kim, *Imitation to Innovation: The Dynamics of Korea's Technological Learning (Management of Innovation and Change)*, Harvard Business Review Press, 1997.

［42］ Linsu Kim, "Building Technological Capability for Industrialization: Analytical Frameworks and Korea's Experience", *Industrial and Corporate Change*, 1999, Vol. 8, No. 1.

［43］ Linsu Kim, James M. Utterback, "The Evolution of Organizational Structure and Technology in a Developing Country", *Management Science*, 1983, Vol. 29, No. 10.

［44］ MacArthur Robert H. , "Some Generalized Theorems of Natural Selection", *Proceedings of the National Academy of Sciences of the United States of America*, 1962, Vol. 48, No. 11.

［45］ MacLaughlin J. , Richards T. , Kenny L. , "The Economic Significance of Piracy" in Gadbaw R. , Richards T. , Intellectual Property Rights, Global Consensus, Global Conflict?, Westview, Boulder, 1988.

［46］ Marris R. , *The Economic Theory of "Managerial" Capitalism*, London: Macmillan, 1964.

[47] Mathews, "Latecomer Strategies for Catching-up: The Cases of Renewable Energies and the LED Programme", *Int. J. Technological Learning*, *Innovation and Development*, 2007, Vol. 1, No. 1.

[48] McCloughan P., "Simulation of Concentration Development from Modified Gibrat Growth-Entry-Exit Processes", *The Journal of Industrial Economics*, 1995, Vol. XIII, No. 4.

[49] Michael E. Porter, "What is Strategy?", *Harvard Business Review*, Nov. -Dec. 1996.

[50] Moses Abramovitz, "Catching Up, Forging Ahead, and Falling Behind", *The Journal of Economic History*, 1986, Vol. 46, No. 2.

[51] Nelson R. , Winter S. *An Evolutionary Theory of Economic Change*, Harvard University Press, MA: Cambridge, 1982.

[52] Nelson R. , Phelps E. , "Investment in Humans: Technological Diffusion and Economic Growth", *American Economic Review*, 1966, Vol. 61.

[53] Nonaka I. , "The Knowledge Creating Company", *Harvard Business Review*, 1991, Vol. 69.

[54] Nonaka I. , Takeuchi H. , *The Knowledge-Creating Company: How Japanese Companies Create the Dynamics of Innovation*, New York: Oxford University Press, 1995.

[55] OECD, OECD Science, Technology and Industry Working Papers, https: //www. oecd - ilibrary. org/docserver/613723204010. pdf? expires = 1585298492&id=id&accname=guest&checksum=D64FA2EB6DC9AF732FA4AF320BD09655.

[56] Oliver E. Williamson, *The Economics of Discretionary Behavior: Mana-*

gerial Objectives in a Theory of the Firm, Englewood Cliffs, NJ: Prentice - Hall, 1964.

[57] P. E. Chaudhry, M. G. Walsh, "An Assessment of the Impact of Counterfeiting in International Markets: The Piracy Paradox Persists", *The Columbia Journal of World Business*, 1996, Vol. 31, No. 3.

[58] Park K., Keun Lee, "Linking the Technological Regime to Technological Catch-up: An Empirical Analysis Using the US Patent Data" paper presented at the Globelics Conference Held in Beijing, China, 2004.

[59] Polanyi M., *The Tacit Dimension*, New York: Doubleday & Company, 1996.

[60] Powell et al., "Interorganizational Collaboration and the Locus of Innovation" In Holzer, B., Stegbauer, C., Schlüsselwerke der Netzwerkforschung, Netzwerkforschung, Springer VS, Wiesbaden, 1996.

[61] Powell M. J., Nguyen, T., Baloian L., "Compendium of Excipients for Parenteral Formulations", *PDA Journal of Pharmaceutical Science and Technology*, 1998, Vol. 52.

[62] Putranto K., Stewart D., Moore G., "International Technology Transfer and Distribution", *Journal of Technology in Society*, 2003, Vol. 25.

[63] R. Bush, Peter H. Bloch, S. Dawson, "Remedies for Product Counterfeiting", *Business Horizons*, 1989, Vol. 32, No. 1.

[64] R. Gibrat, *Les Inegalite Economiques*, Paris: Sirey, 1931.

[65] Richard L. Daft, *Leadership: Theory and Practice*, Fort Worth Tex. : Dryden Press, 1999.

[66] Ronald H. Coase, "The Nature of the Firm", *Economica*, 1937, Vol. 6.

［67］ Rosenberg N. , *Inside the Black Box*: *Technology and Economics*, Cambridge: Cambridge University Press, 1982.

［68］ Ruby Consen, *Technological Capabilities in Developing Countries*, Macmillan Press Ltd. , 1998.

［69］ Robert P. Merges, Peter S. Menell, Mark A. Lemley, "Intellectual Property in the New Technological Age", Aspen Law & Business, 2000.

［70］ Selznick P. *Leadership in Administration*: *A Sociological Interpretation*, New York: Harper & Row, 1957.

［71］ Spender J. C. , Grant R. M. , "Knowledge and the Firm: Overview", *Strat. Mgmt. J.* , 1996, Vol. 17.

［72］ Stuart Macdonald, Tim Turpin, "Intellectual Property Rights and SMEs in South‒East: Innovation Policy and Innovation Practice", *International Journal of Innovation and Technology Management*, 2008, Vol. 5, No. 2.

［73］ Sutton J. , "Gibrat's Legacy", *Journal of Economic Literature*, 引自: 彭碧玉:《组织生态学理论评述》,《经济学家》2006 年第 5 期。

［74］ Tatyana P. Soubbotina, Generic Models of Technological Learning by Developing Countries, 2006, https://citeseerx. ist. psu. edu/viewdoc/download; jsessionid = 0D549D60AF7727BEC050F2713BC3910D? doi = 10. 1. 1. 550. 5724&rep = rep1&type = pdf.

［75］ Thomas A. Hemphill, "Airline Marketing Alliances and U. S. Competition Policy: Does the Consumer Benefit?", *Business Horizons*, 2000, Vol. 43, No. 2.

［76］ Tilton J. E. , *International Diffusion of Technology*: *The Case of Semiconductors*, Washington, D. C. : Brookings Institution Press, 1971.

［77］ Timothy Dunne, Mark J. Roberts, Larry Samuelson, "Patterns of Firm Entry and Exit in U. S. Manufacturing Industries", *The RAND Journal of Economics*, 1988, Vol. 19, No. 4.

［78］ V. K. Narayanan, *Managing Technology and Innovation for Competitive Advantage*, Prentice Hall, 2001.

［79］ Wernerfelt B. , "The Resource-Based Theory of the Firm", *Strategic Management Journal*, 1984, Vol. 5.

［80］ Wesley M. Cohen, Daniel A. Levinthal, "Absorptive Capacity: A New Perspective on Learning and Innovation", *Administrative Science Quarterly*, 1990, Vol. 35, No. 1.

［81］ Williamson O. E. , "The Moderm Corporation: Originals, Evolution, Attributes", *Journal of Economic Literature*, 1985.

［82］ Winter Sidney, "The Satisficing Principle in Capability Learning", *Strategic Management Journal*, 2000, Vol. 21, No. 10-11.

［83］ Xielin Liu, "China's Development Model: An Alternative Strategy for Technological Catch-Up", *Working Paper*, 2012.

［84］ Youngbae Kim, Byungheon Lee, "Patterns of Technological Learning among the Strategic Groups in the Korean Electronic Parts Industry", *Research Policy*, 2002, Vol. 31, No. 4.

［85］ 艾尔弗雷斯·D. 钱德勒:《看得见的手:美国企业的管理革命》,商务印书馆 1987 年版。

［86］ 艾尔弗雷斯·D. 钱德勒:《战略与结构》,云南人民出版社 2002 年版。

［87］ 安同良:《企业技术能力:超越技术创新研究的新范式》,《当代财

经》2002 年第 1 期。

［88］安同良：《中国企业的技术选择》，《经济研究》2003 年第 7 期。

［89］安同良、周绍东、皮建才：《R&D 补贴对中国企业自主创新的激励效应》，《经济研究》2009 年第 10 期。

［90］北京大学政府管理学院课题组：《给新技术以应用机会——关于中国自主电信标准的报告》，2005 年 9 月，https：//article. pchome. net/content-60882. html。

［91］波兰尼：《个人知识——迈向后批判哲学》，许泽民译，贵州人民出版社 2000 年版。

［92］陈国绪、和金生：《代工合作、知识转移与技术学习》，《中南财经政法大学学报》2012 年第 1 期。

［93］陈佳贵：《关于企业生命周期的探讨》，《中国工业经济丛刊》1988 年第 2 期。

［94］陈佳贵：《关于企业生命周期与企业蜕变的探讨》，《中国工业经济》1995 年第 11 期。

［95］陈劲：《从技术引进到自主创新的学习模式》，《科研管理》1994 年第 2 期。

［96］陈劲、陈钰芬：《企业技术创新绩效评价指标体系研究》，《科学学与科学技术管理》2006 年第 3 期。

［97］陈霞、马连福：《公司治理水平、企业成长与企业价值的关系研究：内部控制视角》，《预测》2015 年第 6 期。

［98］陈劲、邱嘉铭、沈海华：《技术学习对企业创新绩效的影响因素分析》，《科学学研究》2007 年第 6 期。

［99］陈劲、瞿文光：《技术超学习研究》，《研究与发展管理》2000 年

第 6 期。

［100］陈志军、徐鹏、唐贵瑶：《企业动态能力的形成机制与影响研究——基于环境动态性的调节作用》，《软科学》2015 年第 5 期。

［101］陈仲常、余翔：《企业研发投入的外部环境影响因素研究——基于产业层面的面板数据分析》，《科研管理》2007 年第 2 期。

［102］《大唐电信集团：30 年风雨创新路，几代人耕耘谱华章——30 年来大唐电信科技产业集团创新发展历程》，人民网，2008 年 12 月 23 日，http://it.people.com.cn/GB/1068/42899/8564028.html。

［103］戴浩、柳剑平：《政府补助、技术创新投入与科技型中小企业成长》，《湖北大学学报（哲学社会科学版）》2018 年第 6 期。

［104］丹尼尔·布尔斯廷：《美国人民主历程》，生活·读书·新知三联书店 1993 年版。

［105］德鲁克：《管理：任务、责任、实践》，中国社会科学出版社 1987 年版。

［106］丁见、李宝强：《企业战略联盟组织结构模式分析》，《商业时代》2011 年第 21 期。

［107］丁宇：《创新型企业文化对企业成长的影响——基于 3 家创新领先企业案例的研究》，《科技导报》2020 年第 15 期。

［108］董芹芹、邹宇：《企业技术学习中创新与模仿行为研究》，《科技进步与对策》2009 年第 7 期。

［109］董轩：《企业价值评估与企业生命周期》，《合作经济与科技》2008 年第 10 期。

［110］冯根福、温军：《中国上市公司治理与企业技术创新关系的实证分析》，《中国工业经济》2008 年第 7 期。

［111］冯伟伟：《TD－SCDMA 试验网北京梦之队》，《大唐集团通讯》2006 年第 10 期。

［112］付永萍、马永：《研发投入、对外直接投资与企业创新能力关系实证研究》，《新疆大学学报》2017 年第 1 期。

［113］傅红岩：《吉布莱特定律与西方企业成长理论评述》，《经济学动态》1998 年第 8 期。

［114］高虎城：《妥善应对贸易争端积极改善贸易环境》，《人民日报》，2006 年 4 月 17 日，http：//theory. people. com. cn。

［115］高建：《中国企业技术创新分析》，清华大学出版社 1997 年版。

［116］《工信部副部长总结 TD 十年：不能追求技术独占》，搜狐 IT，2008 年 6 月 26 日，http：//it. sohu. com/20080626/n257749356. shtml。

［117］《工业和信息化部等公布支持 TD-SCDMA 发展政策措施》，电信管理局，2009 年 1 月 22 日，http：//www. miit. gov. cn/n11293472/n11293832/n11293907/n11368223/11910973. html。

［118］顾秀林：《经济全球化中的"价值链"和"经济租"初探》，《云南财经大学学报》2008 年第 3 期。

［119］H. N. 沙伊贝、H. G. 瓦特、H. L. 福克纳：《近百年美国经济史》，中国科学技术出版社 1983 年版。

［120］韩爱青：《高新技术企业成长需良好的创新生态系统》，《高科技与产业化》2019 年第 12 期。

［121］何新明、林澜：《企业利益相关者导向：组织特征与外部环境的影响》，《南开管理评论》2010 年第 4 期。

［122］何郁冰：《产学研协同创新的理论模式》，《科学学研究》2012 年第 2 期。

［123］贺俊、吕铁、黄阳华、江鸿：《技术赶超的激励结构与能力积累：中国高铁经验及其政策启示》，《管理世界》2018 年第 10 期。

［124］贺莉：《后发企业技术学习与技术多样化及创新能力演变分析：TCL 案例剖析》，《科技和产业》2006 年第 12 期。

［125］贺小刚：《企业家能力评测：一个定性研究的方法与框架》，《中国社会科学院研究生院学报》2005 年第 6 期。

［126］侯杰、陆强、石涌江、戎珂：《基于组织生态学的企业成长演化：有关变异和生存因素的案例研究》，《管理世界》2011 年第 12 期。

［127］黄建康、庞春：《技术学习、知识积累与我国企业技术创新能力后发路径》，《江南大学学报（人文社会科学版）》2012 年第 3 期。

［128］江鸿、吕铁：《政企能力共演化与复杂产品系统集成能力提升——中国高速列车产业技术追赶的纵向案例研究》，《管理世界》2019 年第 5 期。

［129］焦俊：《基于知识共享的中小企业开放性创新研究》，《商业经济》2017 年第 3 期。

［130］金光宇、李森、刘沛：《中小高新技术企业健康成长探析》，《魅力中国》2009 年第 24 期。

［131］金花、刘文检：《中小高新技术企业成长的制约因素及其突破路径》，《科技管理研究》2012 年第 18 期。

［132］金麟洙：《从模仿到创新——韩国技术学习的动力》，新华出版社1998 年版。

［133］金林素：《工业化进程中的技术学习动力》，《国际社会科学杂志》2002 年第 7 期。

［134］静安：《TD-SCDMA 带动中国通信产业实现整体跨越》，《移动通信》2003 年第 12 期。

［135］康子冉：《新时期关键核心技术环节产学研协同创新的障碍与突破机制》，《科学管理研究》2021 年第 12 期。

［136］黎文、梅雅妮、周震：《贸易摩擦、企业附加值和研发投入对知识产权（专利）密集型产业专利申请的影响——基于中国 2013—2018 年上市公司数据的分析》，《科技管理研究》2020 年第 7 期。

［137］李奋生、梅大海：《企业技术学习中的政府行为优化研究》，《科研管理》2015 年第 1 期。

［138］李先科、李重燕：《后发企业实现技术赶超的组织学习安排》，《现代管理科学》2019 年第 11 期。

［139］李秀萍、金永吉：《新信息技术对企业财务管理的影响分析》，《山东农业工程学院学报》2021 年第 11 期。

［140］李学勇：《中国科技事业发展 60 年：人力资源总量世界第一》，2009 年 9 月 17 日，中国网，http：//www.china.com.cn/news/2009-09/17/content_18543260.htm。

［141］李亚玲、李玉婷、柳瑞：《企业家精神对企业绩效的影响——基于企业生命周期的调节作用》，《兰州财经大学学报》2020 年第 5 期。

［142］梁莱歆、张焕凤：《高科技上市公司 R&D 投入绩效的实证研究》，《中南大学学报（社会科学版）》2005 年第 4 期。

［143］林山、黄培伦：《论组织创新的学习机制》，《科学管理研究》2004 年第 1 期。

［144］林武：《技术与社会》，东方出版社 1989 年版。

［145］刘刚：《企业成长之谜：一个演化经济学的解释》，《南开经济评论》2003 年第 5 期。

［146］刘晶：《TD 产业联盟成功秘诀：解决知识产权核心问题》，《中国

电子报》2007 年 12 月 4 日。

［147］刘砾丹、刘力臻：《高新技术企业成长性对资本结构动态调整的影响研究——基于不同成长阶段的实证分析》，《内蒙古社会科学》2020 年第 5 期。

［148］刘婷：《企业成长理论与战略理论的耦合性分析》，《生产力研究》2005 年第 12 期。

［149］刘文江：《资本运作对企业成长的作用分析》，《当代会计》2019 年第 17 期。

［150］卢昕、宋在薰、黄解宇：《高新技术企业隐性知识获取水平与核心竞争力的关系研究》，《中北大学学报（社会科学版）》2019 年第 6 期。

［151］路风、封凯栋：《为什么自主开发是学习外国技术的最佳途径?——以日韩两国汽车工业发展经验为例》，《中国软科学》2004 年第 4 期。

［152］路风、慕玲：《本土创新、能力发展和竞争优势——中国激光视盘播放机下业的发展及其对政府作用的政策含义》，《管理世界》2003 年第 12 期。

［153］吕铁、贺俊：《政府干预何以有效：对中国高铁技术赶超的调查研究》，《管理世界》2019 年第 9 期。

［154］吕薇等：《知识产权制度——挑战与对策》，知识产权出版社 2004 年版。

［155］倪克金、刘修岩：《数字化转型与企业成长：理论逻辑与中国实践》，《经济管理》2021 年第 12 期。

［156］倪晓菁：《从思科华为案看技术时代的国际贸易知识产权保护》，《经济论坛》2005 年第 8 期。

［157］茅宁莹、路德维克·阿尔科塔：《技术学习——企业技术能力演

进的分析框架》，《南大商学评论》2006 年第 1 期。

　　［158］潘思谕：《中国企业国际战略联盟的稳定性评价及提高策略——基于价值创造与分配的视角》，《管理现代化》2013 年第 5 期。

　　［159］彭灿：《基于模仿创新的企业技术跨越》，《科学学与科学技术管理》2002 年第 12 期。

　　［160］彭辉锐：《后发企业从技术学习到技术能力提升》，《经营与管理》2013 年第 9 期。

　　［161］齐永兴：《中小企业外部环境影响因素的系统界定与分析》，《经济论坛》2011 年第 3 期。

　　［162］青木昌彦：《比较制度分析》，上海远东出版社 2001 年版。

　　［163］饶水林：《公司治理、企业生命周期对投资行为的影响》，《山东工商学院学报》2017 年第 4 期。

　　［164］沙文兵：《对外直接投资、逆向技术溢出与国内创新能力——基于中国省际面板数据的实证研究》，《世界经济研究》2012 年第 3 期。

　　［165］舒华英：《大唐移动不会成为"中国高通"》，《通信世界》2007 年第 28B 期。

　　［166］谈江辉：《基于企业生命周期的财务战略选择》，《中国城市经济》2010 年第 10 期。

　　［167］唐玮、崔也光：《民营企业生命周期与 R&D 投入》，《财会月刊》2015 年第 36 期。

　　［168］唐未兵、傅元海、王展祥：《技术创新、技术引进与经济增长方式转变》，《经济研究》2014 年第 7 期。

　　［169］陶于祥、吴超楠、李晶莹、袁野：《基于技术生命周期的中美人工智能原始创新能力研究》，《中国电子科学研究院学报》2021 年第 12 期。

［170］田守枝、王晓晓：《企业生命周期理论浅析》，《西南农业大学学报（社会科学版）》2013 年第 11 期。

［171］王科唯、陈楠楠、陈玉宏、赵斌杰：《基于外部环境影响下稀土企业经营效率研究——以 23 家稀土上市公司为样本的测算结果分析》，《价格理论与实践》2020 年第 11 期。

［172］王济平：《企业战略：基于集体约束下的模糊选择》，《现代会计与审计》2008 年第 10 期。

［173］王江、郑小玲：《技术性贸易壁垒的新趋势——与知识产权相结合》，《对外经济贸易大学学报》2005 年第 5 期。

［174］王伟强、吴晓波、许庆瑞：《技术创新的学习模式》，《科技管理研究》1993 年第 5 期。

［175］王彦、李纪珍、吴贵生：《中国光纤光缆产业技术能力的提高：逆向技术学习》，《科研管理》2007 年第 4 期。

［176］魏江：《基于核心能力的企业购并模式框架研究》，《管理科学学报》2002 年第 2 期。

［177］魏江：《组织技术存量激活过程和机理研究》，《管理工程学报》2002 年第 3 期。

［178］魏江、刘洋、应瑛、彭雪蓉：《启发式规则与后发企业追赶战略抉择：一个探索性研究》，《管理学季刊》2016 年第 4 期。

［179］吴超鹏、唐菂：《知识产权保护执法力度、技术创新与企业绩效——来自中国上市公司的证据》，《经济研究》2016 年第 11 期。

［180］吴贵生、刘洪伟、王彦：《学习成本与技术学习的路径选择》，《科学学研究》2007 年第 4 期。

［181］吴世农、李长青、余玮：《我国上市公司成长性的判定分析和实

证研究》，《南开管理评论》1999 年第 4 期。

［182］吴晓波：《二次创新的周期与企业组织学习模式》，《管理世界》1995 年第 3 期。

［183］吴言波、邵云飞、殷俊杰：《战略联盟知识异质性对焦点企业突破性创新的影响研究》，《管理学报》2019 年第 4 期。

［184］肖鹏：《发展高新技术企业转变经济发展方式》，《低碳世界》2017 年第 27 期。

［185］肖文、林高榜：《政府支持、研发管理与技术创新效率——基于中国工业行业的实证分析》，《管理世界》2014 年第 4 期。

［186］谢伟：《技术学习过程的新模式》，《科研管理》1999 年第 4 期。

［187］谢伟：《模仿和技术学习：文献综述》，《科学学与科学技术管理》2008 年第 7 期。

［188］谢伟、吴贵生：《彩电产业的技术学习过程》，《中国软科学》2000 年第 1 期。

［189］谢伟、吴贵生：《技术学习的功能和来源》，《科研管理》2000 年第 1 期。

［190］解维敏、唐清泉、陆姗姗：《政府 R&D 资助、企业 R&D 支出与自主创新——来自中国上市公司的经验证据》，《金融研究》2009 年第 6 期。

［191］邢建国：《可持续成长型企业的基本约束条件及其战略重点》，《中国工业经济》2003 年第 11 期。

［192］徐冠华：《加快我国现代服务业发展的思考和建议》，《中国科学院院刊》2006 年第 1 期。

［193］徐广涵：《从技术起源看 TD-SCDMA 的演进》，《电信科学》2007 年第 6 期。

［194］徐文忠：《中国大陆地区台资中小企业成长研究》，中国社会科学院研究生院博士学位论文，2007 年。

［195］杨富云：《基于企业生命周期理论的中小企业管理模式探讨》，《现代商业》2021 年第 29 期。

［196］杨建君、穆天、刘力萌：《高新技术企业突变式创新绩效研究——基于关系学习理论视角》，《经济体制改革》2020 年第 5 期。

［197］杨建荣、李振江：《北京大学知识产权学院1999 年社会调查报告——深圳、哈尔滨两地知识产权意识及人才现状的调查报告》，北京大学知识产权学院，1999 年。

［198］杨忻、李淼：《知识产权理论与实践》，电子工业出版社 2004 年版。

［199］杨雪、何玉成：《决策逻辑对新创企业绩效的影响研究——新创企业生命周期的调节作用》，《技术经济与管理研究》2022 年第 1 期。

［200］杨燕：《从学习追赶到再造优势：制造业后发企业的技术进步路径——以企业为核心主体的理论框架与中国经验》，《西部论坛》2020 年第 1 期。

［201］杨莹、于渤、吴伟伟：《后发企业技术学习和技术能力增长的互动模式研究》，《技术经济》2010 年第 5 期。

［202］姚正新、孙峰：《成长型高新技术企业员工关系管理研究》，《现代商业》2013 年第 24 期。

［203］野中郁次郎：《知识创新型企业》，中国人民大学出版社 1999 年版。

［204］原国锋、李薇薇：《我国 99% 企业没有申请专利，60% 没有自己的商标》，《人民日报》2006 年 1 月 4 日。

［205］袁建国、后青松、程晨：《企业政治资源的诅咒效应——基于政治关联与企业技术创新的考察》2015 年第 1 期。

［206］斋藤优、朱根、郭洁敏：《亚洲的发展和日本的技术政策》，《现代外国哲学社会科学文摘》1996 年第 6 期。

［207］张成、陆旸、郭路、于同申：《环境规制强度和生产技术进步》，《经济研究》2011 年第 2 期。

［208］张栋伟、刘韧：《大唐3G 标准里的民族利益》，《知识经济》2002 年第 12 期。

［209］张娜娜、谢伟、孙忠娟：《管理学习对技术进步的贡献与路径研究》，《科学学研究》2017 年第 10 期。

［210］张萍：《国有控股公司管控模式的外部影响因素分析》，《现代商贸工业》2021 年第 13 期。

［211］张晓飞、王豪、高常玲、李佳敏：《环保企业的协同战略模式——基于扎根理论的探索性研究》，《管理案例研究与评论》2021 年第 6 期。

［212］张维迎：《中国企业成长中制度环境的局限及改善（上）》，《上海企业》2005 年第 2 期。

［213］张真真、林晓言：《知识产权保护与技术创新路径的国际比较》，《中国软科学》2006 年第 11 期。

［214］赵剑波、吕铁：《中国企业如何从"逆向并购"到"逆向吸收"？——以工程机械制造业跨国并购为例》，《经济管理》2016 年第 7 期。

［215］赵天骄、肖翔、姜钰羡：《企业社会责任与企业投资水平——基于企业生命周期的视角》，《北京理工大学学报（社会科学版）》2019 年第 6 期。

［216］赵祥：《产业集聚效应与企业成长——基于广东省城市面板数据

的实证研究》,《南方经济》2009 年第 8 期。

［217］赵晓:《企业成长理论研究》,北京大学博士学位论文,1999 年。

［218］赵晓庆:《企业技术学习的模式与技术能力积累途径的螺旋运动过程》,浙江大学博士学位论文,2001 年。

［219］郑仁伟:《组织自主改变、组织惯性与改变绩效的关系:台湾电子业推动 ISO9000 认证活动实证研究》,台湾大学博士学位论文,1995 年。

［220］钟永盛:《中小高新技术企业管理的创新研究》,《出国与就业(就业版)》2011 年第 10 期。

［221］朱朝晖:《发展中国家技术学习模式研究:文献综述》,《科学学与科学技术管理》2007 年第 1 期。

［222］朱永明、郭家欣:《产业技术创新战略联盟企业竞合策略研究——基于联盟企业不对称学习能力视角》,《科技管理研究》2020 年第 20 期。

［223］朱宇、陈艳莹、叶良柱:《学习能力与企业的技术联盟伙伴选择》,《科技管理研究》2009 年第 6 期。

附录一 《知识产权强国建设纲要（2021—2035 年）》

为统筹推进知识产权强国建设，全面提升知识产权创造、运用、保护、管理和服务水平，充分发挥知识产权制度在社会主义现代化建设中的重要作用，制定本纲要。

一、战略背景

党的十八大以来，在以习近平同志为核心的党中央坚强领导下，我国知识产权事业发展取得显著成效，知识产权法规制度体系逐步完善，核心专利、知名品牌、精品版权、优良植物新品种、优质地理标志、高水平集成电路布图设计等高价值知识产权拥有量大幅增加，商业秘密保护不断加强，遗传资源、传统知识和民间文艺的利用水平稳步提升，知识产权保护效果、运用效益和国际影响力显著提升，全社会知识产权意识大幅提高，涌现出一批知识产权竞争力较强的市场主体，走出了一条中国特色知识产权发展之路，有力保障创新型国家建设和全面建成小康社会目标的实现。

进入新发展阶段，推动高质量发展是保持经济持续健康发展的必然要求，创新是引领发展的第一动力，知识产权作为国家发展战略性资源和国际竞争力核心要素的作用更加凸显。实施知识产权强国战略，回应新技术、新经济、新形势对知识产权制度变革提出的挑战，加快推进知识产权改革发展，协调好政府与市场、国内与国际，以及知识产权数量与质量、需求与供给的联动关系，全面提升我国知识产权综合实力，大力激发全社会创新活力，建设中国特色、世界水平的知识产权强国，对于提升国家核心竞争力，扩大高水平对外开放，实现更高质量、更有效率、更加公平、更可持续、更为安全的发展，满足人民日益增长的美好生活需要，具有重要意义。

二、总体要求

（一）指导思想

坚持以习近平新时代中国特色社会主义思想为指导，全面贯彻党的十九大和十九届二中、三中、四中、五中全会精神，紧紧围绕统筹推进"五位一体"总体布局和协调推进"四个全面"战略布局，坚持稳中求进工作总基调，以推动高质量发展为主题，以深化供给侧结构性改革为主线，以改革创新为根本动力，以满足人民日益增长的美好生活需要为根本目的，立足新发展阶段，贯彻新发展理念，构建新发展格局，牢牢把握加强知识产权保护是完善产权保护制度最重要的内容和提高国家经济竞争力最大的激励，打通知识产权创造、运用、保护、管理和服务全链条，更大力度加强知识产权保护国际合作，建设制度完善、保护严格、运行高效、服务便捷、文化自觉、开放共赢的知识产权强国，为建设创新型国家和社会主义现代化强国提供坚实保障。

（二）工作原则

——法治保障，严格保护。落实全面依法治国基本方略，严格依法保护知识产权，切实维护社会公平正义和权利人合法权益。

——改革驱动，质量引领。深化知识产权领域改革，构建更加完善的要素市场化配置体制机制，更好发挥知识产权制度激励创新的基本保障作用，为高质量发展提供源源不断的动力。

——聚焦重点，统筹协调。坚持战略引领、统筹规划，突出重点领域和重大需求，推动知识产权与经济、科技、文化、社会等各方面深度融合发展。

——科学治理，合作共赢。坚持人类命运共同体理念，以国际视野谋划和推动知识产权改革发展，推动构建开放包容、平衡普惠的知识产权国际规则，让创新创造更多惠及各国人民。

（三）发展目标

到 2025 年，知识产权强国建设取得明显成效，知识产权保护更加严格，社会满意度达到并保持较高水平，知识产权市场价值进一步凸显，品牌竞争力大幅提升，专利密集型产业增加值占 GDP 比重达到 13%，版权产业增加值占 GDP 比重达到 7.5%，知识产权使用费年进出口总额达到 3500 亿元，每万人口高价值发明专利拥有量达到 12 件（上述指标均为预期性指标）。

到 2035 年，我国知识产权综合竞争力跻身世界前列，知识产权制度系统完备，知识产权促进创新创业蓬勃发展，全社会知识产权文化自觉基本形成，全方位、多层次参与知识产权全球治理的国际合作格局基本形成，中国特色、世界水平的知识产权强国基本建成。

三、建设面向社会主义现代化的知识产权制度

（四）构建门类齐全、结构严密、内外协调的法律体系

开展知识产权基础性法律研究，做好专门法律法规之间的衔接，增强法律法规的适用性和统一性。根据实际及时修改专利法、商标法、著作权法和植物新品种保护条例，探索制定地理标志、外观设计等专门法律法规，健全

专门保护与商标保护相互协调的统一地理标志保护制度，完善集成电路布图设计法规。制定修改强化商业秘密保护方面的法律法规，完善规制知识产权滥用行为的法律制度以及与知识产权相关的反垄断、反不正当竞争等领域立法。修改科学技术进步法。结合有关诉讼法的修改及贯彻落实，研究建立健全符合知识产权审判规律的特别程序法律制度。加快大数据、人工智能、基因技术等新领域新业态知识产权立法。适应科技进步和经济社会发展形势需要，依法及时推动知识产权法律法规立改废释，适时扩大保护客体范围，提高保护标准，全面建立并实施侵权惩罚性赔偿制度，加大损害赔偿力度。

（五）构建职责统一、科学规范、服务优良的管理体制

持续优化管理体制机制，加强中央在知识产权保护的宏观管理、区域协调和涉外事宜统筹等方面事权，不断加强机构建设，提高管理效能。围绕国家区域协调发展战略，制定实施区域知识产权战略，深化知识产权强省强市建设，促进区域知识产权协调发展。实施一流专利商标审查机构建设工程，建立专利商标审查官制度，优化专利商标审查协作机制，提高审查质量和效率。构建政府监管、社会监督、行业自律、机构自治的知识产权服务业监管体系。

（六）构建公正合理、评估科学的政策体系

坚持严格保护的政策导向，完善知识产权权益分配机制，健全以增加知识价值为导向的分配制度，促进知识产权价值实现。完善以强化保护为导向的专利商标审查政策。健全著作权登记制度、网络保护和交易规则。完善知识产权审查注册登记政策调整机制，建立审查动态管理机制。建立健全知识产权政策合法性和公平竞争审查制度。建立知识产权公共政策评估机制。

（七）构建响应及时、保护合理的新兴领域和特定领域知识产权规则体系

建立健全新技术、新产业、新业态、新模式知识产权保护规则。探索完善互联网领域知识产权保护制度。研究构建数据知识产权保护规则。完善开源知识产权和法律体系。研究完善算法、商业方法、人工智能产出物知识产权保护规则。加强遗传资源、传统知识、民间文艺等获取和惠益分享制度建设，加强非物质文化遗产的搜集整理和转化利用。推动中医药传统知识保护与现代知识产权制度有效衔接，进一步完善中医药知识产权综合保护体系，建立中医药专利特别审查和保护机制，促进中医药传承创新发展。

四、建设支撑国际一流营商环境的知识产权保护体系

（八）健全公正高效、管辖科学、权界清晰、系统完备的司法保护体制

实施高水平知识产权审判机构建设工程，加强审判基础、体制机制和智慧法院建设。健全知识产权审判组织，优化审判机构布局，完善上诉审理机制，深入推进知识产权民事、刑事、行政案件"三合一"审判机制改革，构建案件审理专门化、管辖集中化和程序集约化的审判体系。加强知识产权法官的专业化培养和职业化选拔，加强技术调查官队伍建设，确保案件审判质效。积极推进跨区域知识产权远程诉讼平台建设。统一知识产权司法裁判标准和法律适用，完善裁判规则。加大刑事打击力度，完善知识产权犯罪侦查工作制度。修改完善知识产权相关司法解释，配套制定侵犯知识产权犯罪案件立案追诉标准。加强知识产权案件检察监督机制建设，加强量刑建议指导和抗诉指导。

（九）健全便捷高效、严格公正、公开透明的行政保护体系

依法科学配置和行使有关行政部门的调查权、处罚权和强制权。建立统

一协调的执法标准、证据规则和案例指导制度。大力提升行政执法人员专业化、职业化水平，探索建立行政保护技术调查官制度。建设知识产权行政执法监管平台，提升执法监管现代化、智能化水平。建立完善知识产权侵权纠纷检验鉴定工作体系。发挥专利侵权纠纷行政裁决制度作用，加大行政裁决执行力度。探索依当事人申请的知识产权纠纷行政调解协议司法确认制度。完善跨区域、跨部门执法保护协作机制。建立对外贸易知识产权保护调查机制和自由贸易试验区知识产权保护专门机制。强化知识产权海关保护，推进国际知识产权执法合作。

（十）健全统一领导、衔接顺畅、快速高效的协同保护格局

坚持党中央集中统一领导，实现政府履职尽责、执法部门严格监管、司法机关公正司法、市场主体规范管理、行业组织自律自治、社会公众诚信守法的知识产权协同保护。实施知识产权保护体系建设工程。明晰行政机关与司法机关的职责权限和管辖范围，健全知识产权行政保护与司法保护衔接机制，形成保护合力。建立完善知识产权仲裁、调解、公证、鉴定和维权援助体系，加强相关制度建设。健全知识产权信用监管体系，加强知识产权信用监管机制和平台建设，依法依规对知识产权领域严重失信行为实施惩戒。完善著作权集体管理制度，加强对著作权集体管理组织的支持和监管。实施地理标志保护工程。建设知识产权保护中心网络和海外知识产权纠纷应对指导中心网络。建立健全海外知识产权预警和维权援助信息平台。

五、建设激励创新发展的知识产权市场运行机制

（十一）完善以企业为主体、市场为导向的高质量创造机制

以质量和价值为标准，改革完善知识产权考核评价机制。引导市场主体发挥专利、商标、版权等多种类型知识产权组合效应，培育一批知识产权竞

争力强的世界一流企业。深化实施中小企业知识产权战略推进工程。优化国家科技计划项目的知识产权管理。围绕生物育种前沿技术和重点领域，加快培育一批具有知识产权的优良植物新品种，提高授权品种质量。

（十二）健全运行高效顺畅、价值充分实现的运用机制

加强专利密集型产业培育，建立专利密集型产业调查机制。积极发挥专利导航在区域发展、政府投资的重大经济科技项目中的作用，大力推动专利导航在传统优势产业、战略性新兴产业、未来产业发展中的应用。改革国有知识产权归属和权益分配机制，扩大科研机构和高校知识产权处置自主权。建立完善财政资助科研项目形成知识产权的声明制度。建立知识产权交易价格统计发布机制。推进商标品牌建设，加强驰名商标保护，发展传承好传统品牌和老字号，大力培育具有国际影响力的知名商标品牌。发挥集体商标、证明商标制度作用，打造特色鲜明、竞争力强、市场信誉好的产业集群品牌和区域品牌。推动地理标志与特色产业发展、生态文明建设、历史文化传承以及乡村振兴有机融合，提升地理标志品牌影响力和产品附加值。实施地理标志农产品保护工程。深入开展知识产权试点示范工作，推动企业、高校、科研机构健全知识产权管理体系，鼓励高校、科研机构建立专业化知识产权转移转化机构。

（十三）建立规范有序、充满活力的市场化运营机制

提高知识产权代理、法律、信息、咨询等服务水平，支持开展知识产权资产评估、交易、转化、托管、投融资等增值服务。实施知识产权运营体系建设工程，打造综合性知识产权运营服务枢纽平台，建设若干聚焦产业、带动区域的运营平台，培育国际化、市场化、专业化知识产权服务机构，开展知识产权服务业分级分类评价。完善无形资产评估制度，形成激励与监管相协调的管理机制。积极稳妥发展知识产权金融，健全知识产权质押信息平台，

鼓励开展各类知识产权混合质押和保险，规范探索知识产权融资模式创新。健全版权交易和服务平台，加强作品资产评估、登记认证、质押融资等服务。开展国家版权创新发展建设试点工作。打造全国版权展会授权交易体系。

六、建设便民利民的知识产权公共服务体系

（十四）加强覆盖全面、服务规范、智能高效的公共服务供给

实施知识产权公共服务智能化建设工程，完善国家知识产权大数据中心和公共服务平台，拓展各类知识产权基础信息开放深度、广度，实现与经济、科技、金融、法律等信息的共享融合。深入推进"互联网+"政务服务，充分利用新技术建设智能化专利商标审查和管理系统，优化审查流程，实现知识产权政务服务"一网通办"和"一站式"服务。完善主干服务网络，扩大技术与创新支持中心等服务网点，构建政府引导、多元参与、互联共享的知识产权公共服务体系。加强专业便捷的知识产权公共咨询服务，健全中小企业和初创企业知识产权公共服务机制。完善国际展会知识产权服务机制。

（十五）加强公共服务标准化、规范化、网络化建设

明晰知识产权公共服务事项和范围，制定公共服务事项清单和服务标准。统筹推进分级分类的知识产权公共服务机构建设，大力发展高水平的专门化服务机构。有效利用信息技术、综合运用线上线下手段，提高知识产权公共服务效率。畅通沟通渠道，提高知识产权公共服务社会满意度。

（十六）建立数据标准、资源整合、利用高效的信息服务模式

加强知识产权数据标准制定和数据资源供给，建立市场化、社会化的信息加工和服务机制。规范知识产权数据交易市场，推动知识产权信息开放共享，处理好数据开放与数据隐私保护的关系，提高传播利用效率，充分实现

知识产权数据资源的市场价值。推动知识产权信息公共服务和市场化服务协调发展。加强国际知识产权数据交换，提升运用全球知识产权信息的能力和水平。

七、建设促进知识产权高质量发展的人文社会环境

（十七）塑造尊重知识、崇尚创新、诚信守法、公平竞争的知识产权文化理念

加强教育引导、实践养成和制度保障，培养公民自觉尊重和保护知识产权的行为习惯，自觉抵制侵权假冒行为。倡导创新文化，弘扬诚信理念和契约精神，大力宣传锐意创新和诚信经营的典型企业，引导企业自觉履行尊重和保护知识产权的社会责任。厚植公平竞争的文化氛围，培养新时代知识产权文化自觉和文化自信，推动知识产权文化与法治文化、创新文化和公民道德修养融合共生、相互促进。

（十八）构建内容新颖、形式多样、融合发展的知识产权文化传播矩阵

打造传统媒体和新兴媒体融合发展的知识产权文化传播平台，拓展社交媒体、短视频、客户端等新媒体渠道。创新内容、形式和手段，加强涉外知识产权宣传，形成覆盖国内外的全媒体传播格局，打造知识产权宣传品牌。大力发展国家知识产权高端智库和特色智库，深化理论和政策研究，加强国际学术交流。

（十九）营造更加开放、更加积极、更有活力的知识产权人才发展环境

完善知识产权人才培养、评价激励、流动配置机制。支持学位授权自主审核高校自主设立知识产权一级学科。推进论证设置知识产权专业学位。实施知识产权专项人才培养计划。依托相关高校布局一批国家知识产权人才培养基地，加强相关高校二级知识产权学院建设。加强知识产权管理部门公职

律师队伍建设，做好涉外知识产权律师培养和培训工作，加强知识产权国际化人才培养。开发一批知识产权精品课程。开展干部知识产权学习教育。进一步推进中小学知识产权教育，持续提升青少年的知识产权意识。

八、深度参与全球知识产权治理

（二十）积极参与知识产权全球治理体系改革和建设

扩大知识产权领域对外开放，完善国际对话交流机制，推动完善知识产权及相关国际贸易、国际投资等国际规则和标准。积极推进与经贸相关的多双边知识产权对外谈判。建设知识产权涉外风险防控体系。加强与各国知识产权审查机构合作，推动审查信息共享。打造国际知识产权诉讼优选地。提升知识产权仲裁国际化水平。鼓励高水平外国机构来华开展知识产权服务。

（二十一）构建多边和双边协调联动的国际合作网络

积极维护和发展知识产权多边合作体系，加强在联合国、世界贸易组织等国际框架和多边机制中的合作。深化与共建"一带一路"国家和地区知识产权务实合作，打造高层次合作平台，推进信息、数据资源项目合作，向共建"一带一路"国家和地区提供专利检索、审查、培训等多样化服务。加强知识产权对外工作力量。积极发挥非政府组织在知识产权国际交流合作中的作用。拓展海外专利布局渠道。推动专利与国际标准制定有效结合。塑造中国商标品牌良好形象，推动地理标志互认互保，加强中国商标品牌和地理标志产品全球推介。

九、组织保障

（二十二）加强组织领导

全面加强党对知识产权强国建设工作的领导，充分发挥国务院知识产权战略实施工作部际联席会议作用，建立统一领导、部门协同、上下联动的工作体系，制定实施落实本纲要的年度推进计划。各地区各部门要高度重视，加强组织领导，明确任务分工，建立健全本纲要实施与国民经济和社会发展规划、重点专项规划及相关政策相协调的工作机制，结合实际统筹部署相关任务措施，逐项抓好落实。

（二十三）加强条件保障

完善中央和地方财政投入保障制度，加大对本纲要实施工作的支持。综合运用财税、投融资等相关政策，形成多元化、多渠道的资金投入体系，突出重点，优化结构，保障任务落实。按照国家有关规定，对在知识产权强国建设工作中作出突出贡献的集体和个人给予表彰。

（二十四）加强考核评估

国家知识产权局会同有关部门建立本纲要实施动态调整机制，开展年度监测和定期评估总结，对工作任务落实情况开展督促检查，纳入相关工作评价，重要情况及时按程序向党中央、国务院请示报告。在对党政领导干部和国有企业领导班子考核中，注重考核知识产权相关工作成效。地方各级政府要加大督查考核工作力度，将知识产权强国建设工作纳入督查考核范围。

附录二 《高新技术企业认定管理办法》

第一章　总　则

第一条　为扶持和鼓励高新技术企业发展，根据《中华人民共和国企业所得税法》（以下简称《企业所得税法》）、《中华人民共和国企业所得税法实施条例》（以下简称《实施条例》）有关规定，特制定本办法。

第二条　本办法所称的高新技术企业是指：在《国家重点支持的高新技术领域》内，持续进行研究开发与技术成果转化，形成企业核心自主知识产权，并以此为基础开展经营活动，在中国境内（不包括港、澳、台地区）注册的居民企业。

第三条　高新技术企业认定管理工作应遵循突出企业主体、鼓励技术创新、实施动态管理、坚持公平公正的原则。

第四条　依据本办法认定的高新技术企业，可依照《企业所得税法》及其《实施条例》、《中华人民共和国税收征收管理法》（以下简称《税收征管法》）及《中华人民共和国税收征收管理法实施细则》（以下简称《实施细则》）等有关规定，申报享受税收优惠政策。

第五条　科技部、财政部、税务总局负责全国高新技术企业认定工作的指导、管理和监督。

第二章　组织与实施

第六条　科技部、财政部、税务总局组成全国高新技术企业认定管理工作领导小组（以下简称"领导小组"），其主要职责为：

（一）确定全国高新技术企业认定管理工作方向，审议高新技术企业认定管理工作报告；

（二）协调、解决认定管理及相关政策落实中的重大问题；

（三）裁决高新技术企业认定管理事项中的重大争议，监督、检查各地区认定管理工作，对发现的问题指导整改。

第七条　领导小组下设办公室，由科技部、财政部、税务总局相关人员组成，办公室设在科技部，其主要职责为：

（一）提交高新技术企业认定管理工作报告，研究提出政策完善建议；

（二）指导各地区高新技术企业认定管理工作，组织开展对高新技术企业认定管理工作的监督检查，对发现的问题提出整改处理建议；

（三）负责各地区高新技术企业认定工作的备案管理，公布认定的高新技术企业名单，核发高新技术企业证书编号；

（四）建设并管理"高新技术企业认定管理工作网"；

（五）完成领导小组交办的其他工作。

第八条　各省、自治区、直辖市、计划单列市科技行政管理部门同本级财政、税务部门组成本地区高新技术企业认定管理机构（以下简称"认定机构"）。认定机构下设办公室，由省级、计划单列市科技、财政、税务部门相关人员组成，办公室设在省级、计划单列市科技行政主管部门。认定机构主要职责为：

（一）负责本行政区域内的高新技术企业认定工作，每年向领导小组办公室提交本地区高新技术企业认定管理工作报告；

（二）负责将认定后的高新技术企业按要求报领导小组办公室备案，对通过备案的企业颁发高新技术企业证书；

（三）负责遴选参与认定工作的评审专家（包括技术专家和财务专家），并加强监督管理；

（四）负责对已认定企业进行监督检查，受理、核实并处理复核申请及有关举报等事项，落实领导小组及其办公室提出的整改建议；

（五）完成领导小组办公室交办的其他工作。

第九条　通过认定的高新技术企业，其资格自颁发证书之日起有效期为3年。

第十条　企业获得高新技术企业资格后，自高新技术企业证书颁发之日所在年度起享受税收优惠，可依照本办法第四条的规定到主管税务机关办理税收优惠手续。

第三章　认定条件与程序

第十一条　认定为高新技术企业须同时满足以下条件：

（一）企业申请认定时须注册成立1年以上。

（二）企业通过自主研发、受让、受赠、并购等方式，获得对其主要产品（服务）在技术上发挥核心支持作用的知识产权的所有权。

（三）对企业主要产品（服务）发挥核心支持作用的技术属于《国家重点支持的高新技术领域》规定的范围。

（四）企业从事研发和相关技术创新活动的科技人员占企业当年职工总数的比例不低于 10%。

（五）企业近 3 个会计年度（实际经营期不满 3 年的按实际经营时间计算，下同）的研究开发费用总额占同期销售收入总额的比例符合如下要求：

1. 最近 1 年销售收入小于 5000 万元（含）的企业，比例不低于 5%。

2. 最近 1 年销售收入在 5000 元至 2 亿元（含）的企业，比例不低于 4%。

3. 最近 1 年销售收入在 2 亿元以上的企业，比例不低于 3%。

其中，企业在中国境内发生的研究开发费用总额占全部研究开发费用总额的比例不低于 60%。

（六）近 1 年高新技术产品（服务）收入占企业同期总收入的比例不低于 60%。

（七）企业创新能力评价应达到相应要求。

（八）企业申请认定前 1 年内未发生重大安全、重大质量事故或严重环境违法行为。

第十二条　高新技术企业认定程序如下：

（一）企业申请

企业对照本办法进行自我评价。认为符合认定条件的在"高新技术企业认定管理工作网"注册登记，向认定机构提出认定申请。申请时提交下列材料：

1. 高新技术企业认定申请书；

2. 证明企业依法成立的相关注册登记证件；

3. 知识产权相关材料、科研项目立项证明、科技成果转化、研究开发的组织管理等相关材料；

4. 企业高新技术产品（服务）的关键技术和技术指标、生产批文、认证认可和相关资质证书、产品质量检验报告等相关材料；

5. 企业职工和科技人员情况说明材料；

6. 经具有资质的中介机构出具的企业近 3 个会计年度研究开发费用和近 1 个会计年度高新技术产品（服务）收入专项审计或鉴证报告，并附研究开发活动说明材料；

7. 经具有资质的中介机构鉴证的企业近 3 个会计年度的财务会计报告（包括会计报表、会计报表附注和财务情况说明书）；

8. 近 3 个会计年度企业所得税年度纳税申报表。

（二）专家评审

认定机构应在符合评审要求的专家中，随机抽取组成专家组。专家组对企业申报材料进行评审，提出评审意见。

（三）审查认定

认定机构结合专家组评审意见，对申请企业进行综合审查，提出认定意见并报领导小组办公室。认定企业由领导小组办公室在"高新技术企业认定管理工作网"公示 10 个工作日，无异议的，予以备案，并在"高新技术企业认定管理工作网"公告，由认定机构向企业颁发统一印制的"高新技术企业证书"；有异议的，由认定机构进行核实处理。

第十三条　企业获得高新技术企业资格后，应每年 5 月底前在"高新技术企业认定管理工作网"填报上 1 年度知识产权、科技人员、研发费用、经营收入等年度发展情况报表。

第十四条　对于涉密企业，按照国家有关保密工作规定，在确保涉密信息安全的前提下，按认定工作程序组织认定。

第四章　监督管理

第十五条　科技部、财政部、税务总局建立随机抽查和重点检查机制，加强对各地高新技术企业认定管理工作的监督检查。对存在问题的认定机构提出整改意见并限期改正，问题严重的给予通报批评，逾期不改的暂停其认定管理工作。

第十六条　对已认定的高新技术企业，有关部门在日常管理过程中发现其不符合认定条件的，应提请认定机构复核。复核后确认不符合认定条件的，由认定机构取消其高新技术企业资格，并通知税务机关追缴其不符合认定条件年度起已享受的税收优惠。

第十七条　高新技术企业发生更名或与认定条件有关的重大变化（如分立、合并、重组以及经营业务发生变化等）应在3个月内向认定机构报告。经认定机构审核符合认定条件的，其高新技术企业资格不变，对于企业更名的，重新核发认定证书，编号与有效期不变；不符合认定条件的，自更名或条件变化年度起取消其高新技术企业资格。

第十八条　跨认定机构管理区域整体迁移的高新技术企业，在其高新技术企业资格有效期内完成迁移的，其资格继续有效；跨认定机构管理区域部分搬迁的，由迁入地认定机构按照本办法重新认定。

第十九条　已认定的高新技术企业有下列行为之一的，由认定机构取消其高新技术企业资格：

（一）在申请认定过程中存在严重弄虚作假行为的；

（二）发生重大安全、重大质量事故或有严重环境违法行为的；

（三）未按期报告与认定条件有关重大变化情况，或累计两年未填报年度发展情况报表的。

对被取消高新技术企业资格的企业，由认定机构通知税务机关按《税收征管法》及有关规定，追缴其自发生上述行为之日所属年度起已享受的高新技术企业税收优惠。

第二十条 参与高新技术企业认定工作的各类机构和人员对所承担的有关工作负有诚信、合规、保密义务。违反高新技术企业认定工作相关要求和纪律的，给予相应处理。

第五章 附 则

第二十一条 科技部、财政部、税务总局根据本办法另行制定《高新技术企业认定管理工作指引》。

第二十二条 本办法由科技部、财政部、税务总局负责解释。

第二十三条 本办法自 2016 年 1 月 1 日起实施。原《高新技术企业认定管理办法》（国科发火〔2008〕172 号）同时废止。

附录三 《统计上大中小微型企业划分办法（2017）》

一、根据工业和信息化部、国家统计局、国家发展改革委、财政部《关于印发中小企业划型标准规定的通知》（工信部联企业〔2011〕300号），以《国民经济行业分类》（GB/T 4754-2017）为基础，结合统计工作的实际情况，制定本办法。

二、本办法适用对象为在中华人民共和国境内依法设立的各种组织形式的法人企业或单位。个体工商户参照本办法进行划分。

三、本办法适用范围包括：农、林、牧、渔业，采矿业，制造业，电力、热力、燃气及水生产和供应业，建筑业，批发和零售业，交通运输、仓储和邮政业，住宿和餐饮业，信息传输、软件和信息技术服务业，房地产业，租赁和商务服务业，科学研究和技术服务业，水利、环境和公共设施管理业，居民服务、修理和其他服务业，文化、体育和娱乐业等15个行业门类以及社会工作行业大类。

四、本办法按照行业门类、大类、中类和组合类别，依据从业人员、营业收入、资产总额等指标或替代指标，将我国的企业划分为大型、中型、小型、微型等四种类型。具体划分标准见附表。

五、企业划分由政府综合统计部门根据统计年报每年确定一次，定报统计原则上不进行调整。

六、本办法自印发之日起执行，国家统计局 2011 年印发的《统计上大中小微型企业划分办法》（国统字〔2011〕75 号）同时废止。

附表 3-1　统计上大中小微型企业划分标准

行业名称	指标名称	计量单位	大型	中型	小型	微型
农、林、牧、渔业	营业收入（Y）	万元	Y≥20000	500≤Y<20000	50≤Y<500	Y<50
工业*	从业人员（X）	人	X≥1000	300≤X<1000	20≤X<300	X<20
	营业收入（Y）	万元	Y≥40000	2000≤Y<40000	300≤Y<2000	Y<300
建筑业	营业收入（Y）	万元	Y≥80000	6000≤Y<80000	300≤Y<6000	Y<300
	资产总额（Z）	万元	Z≥80000	5000≤Z<80000	300≤Z<5000	Z<300
批发业	从业人员（X）	人	X≥200	20≤X<200	5≤X<20	X<5
	营业收入（Y）	万元	Y≥40000	5000≤Y<40000	1000≤Y<5000	Y<1000
零售业	从业人员（X）	人	X≥300	50≤X<300	10≤X<50	X<10
	营业收入（Y）	万元	Y≥20000	500≤Y<20000	100≤Y<500	Y<100
交通运输业*	从业人员（X）	人	X≥1000	300≤X<1000	20≤X<300	X<20
	营业收入（Y）	万元	Y≥30000	3000≤Y<30000	200≤Y<3000	Y<200
仓储业*	从业人员（X）	人	X≥200	100≤X<200	20≤X<100	X<20
	营业收入（Y）	万元	Y≥30000	1000≤Y<30000	100≤Y<1000	Y<100
邮政业	从业人员（X）	人	X≥1000	300≤X<1000	20≤X<300	X<20
	营业收入（Y）	万元	Y≥30000	2000≤Y<30000	100≤Y<2000	Y<100
住宿业	从业人员（X）	人	X≥300	100≤X<300	10≤X<100	X<10
	营业收入（Y）	万元	Y≥10000	2000≤Y<10000	100≤Y<2000	Y<100
餐饮业	从业人员（X）	人	X≥300	100≤X<300	10≤X<100	X<10
	营业收入（Y）	万元	Y≥10000	2000≤Y<10000	100≤Y<2000	Y<100
信息传输业*	从业人员（X）	人	X≥2000	100≤X<2000	10≤X<100	X<10
	营业收入（Y）	万元	Y≥100000	1000≤Y<100000	100≤Y<1000	Y<100

续表

行业名称	指标名称	计量单位	大型	中型	小型	微型
软件和信息技术服务业	从业人员（X）	人	X≥300	100≤X<300	10≤X<100	X<10
	营业收入（Y）	万元	Y≥10000	1000≤Y<10000	50≤Y<1000	Y<50
房地产开发经营	营业收入（Y）	万元	Y≥200000	1000≤Y<200000	100≤Y<1000	Y<100
	资产总额（Z）	万元	Z≥10000	5000≤Z<10000	2000≤Z<5000	Z<2000
物业管理	从业人员（X）	人	X≥1000	300≤X<1000	100≤X<300	X<100
	营业收入（Y）	万元	Y≥5000	1000≤Y<5000	500≤Y<1000	Y<500
租赁和商务服务业	从业人员（X）	人	X≥300	100≤X<300	10≤X<100	X<10
	资产总额（Z）	万元	Z≥120000	8000≤Z<120000	100≤Z<8000	Z<100
其他未列明行业*	从业人员（X）	人	X≥300	100≤X<300	10≤X<100	X<10

注：

（1）大型、中型和小型企业须同时满足所列指标的下限，否则下划一档；微型企业只须满足所列指标中的一项即可。

（2）附表中各行业的范围以《国民经济行业分类》（GB/T 4754-2017）为准。带 * 的项为行业组合类别，其中，工业包括采矿业，制造业，电力、热力、燃气及水生产和供应业；交通运输业包括道路运输业，水上运输业，航空运输业，管道运输业，多式联运和运输代理业、装卸搬运，不包括铁路运输业；仓储业包括通用仓储，低温仓储，危险品仓储，谷物、棉花等农产品仓储，中药材仓储和其他仓储业；信息传输业包括电信、广播电视和卫星传输服务，互联网和相关服务；其他未列明行业包括科学研究和技术服务业，水利、环境和公共设施管理业，居民服务、修理和其他服务业，社会工作，文化、体育和娱乐业，以及房地产中介服务、其他房地产业等，不包括自有房地产经营活动。

（3）企业划分指标以现行统计制度为准。①从业人员，是指期末从业人员数，没有期末从业人员数的，采用全年平均人员数代替。②营业收入，工业、建筑业、限额以上批发和零售业、限额以上住宿和餐饮业以及其他设置主营业务收入指标的行业，采用主营业务收入；限额以下批发与零售业企业采用商品销售额代替；限额以下住宿与餐饮业企业采用营业额代替；农、林、牧、渔业企业采用营业总收入代替；其他未设置主营业务收入的行业，采用营业收入指标。③资产总额，采用资产总计代替。